R.K. PACHAURI

Un Cambio Global hacia Gandhi

Shastra terrestre y Arthashastra humano

POP ACADEMY

POP Academy

Primera edición

Traducido por Dr. Antonio Sarmiento Gálan, Dr. Luis Tamayo Pérez, e Ivan Ransom Rodríguez

First edition

This book was professionally typeset on Reedsy.
Find out more at reedsy.com

Contenido

Prólogo

Es un honor y un solemne deber escribir este prólogo para el ensayo Un Cambio Global hacia Gandhi: *Shastra* terrestrey *Arthashastra* humano*, un libro que captura las ideas de mi querido amigo y compañero Premio Nobel de la Paz, el Dr. R. K. Pachauri, quien fue una figura destacada en la lucha global contra el cambio climático y un hombre de profundas convicciones, guiado por principios de equidad, justicia y compasión. Su fallecimiento, ocurrido el 13 de febrero de 2020 fue una profunda pérdida para el mundo, pero su espíritu sigue vivo a través de su trabajo, sus palabras y su compromiso inquebrantable con un futuro mejor para todos. En este libro, el Dr. Pachauri ofrece un mensaje poderoso, urgente y atemporal a la humanidad. Se inspira en la vida y la filosofía de Mahatma Gandhi, un líder que, como el Dr. Pachauri, comprendió que el verdadero progreso debe medirse no por la riqueza material sino por la calidad de vida de los más vulnerables entre nosotros. Los ideales de Gandhi de sencillez, no violencia y justicia social no son sólo notas históricas, sino faros que nos guían en nuestra lucha actual contra las crisis asociadas que constituyen la degradación ambiental y la creciente desigualdad.

El concepto de la *Shastra* (etología) terrestre del Dr. Pachauri es un llamado a reconfigurar nuestra relación con la naturaleza. Nos desafía a repensar los fundamentos de nuestros sistemas económicos y sociales, colocando a la Tierra en el centro de todos nuestros esfuerzos. Nos recuerda que no estamos separados del mundo natural, sino profundamente entrelazados con él, y que la supervivencia de la humanidad no es sólo una cuestión de elección, sino una necesidad que depende de nuestra capacidad de vivir en armonía con el planeta que nos sustenta.

En el apartado sobre el Arthashastra humano, el Dr. Pachauri redefine el concepto de riqueza y prosperidad. Imagina un mundo en el que los sistemas económicos no estén impulsados por la codicia y la explotación, sino por la compasión, la equidad y el sentido de responsabilidad compartida. Esta visión resuena profundamente con mis propias creencias, forjadas a lo largo de décadas de lucha por los derechos y la dignidad de mi pueblo. Al igual que el Dr. Pachauri, he visto de primera mano el impacto devastador de la desigualdad y la degradación ambiental en las comunidades más vulnerables. Comparto su convicción de que un mundo justo y sostenible no solo es posible sino imperativo.

A lo largo de su vida, el Dr. Pachauri fue un defensor incansable de quienes a menudo carecían de voz en los debates globales: los que viven en la pobreza, las comunidades marginadas y las generaciones futuras. Su trabajo con el Grupo Intergubernamental de Expertos sobre el Cambio Climático (IPCC, por sus siglas en inglés) llevó la urgencia de la acción climática a la atención mundial, y su liderazgo inspiró a innumerables personas y organizaciones a unirse a la lucha por un futuro más equitativo y sostenible.

Este libro es un testimonio del legado del Dr. Pachauri. Es un llamado a la acción para que todos adoptemos los valores que guiaron su vida y su obra, valores que me son muy familiares, arraigados en la justicia, la equidad y un profundo respeto por la Tierra.

Al enfrentar los desafíos de nuestro tiempo, saquemos fuerzas de sus palabras y su visión. Honremos su memoria comprometiéndonos con el camino que él ha trazado, que conduce a la preservación de nuestro planeta y a la creación de un mundo más justo y compasivo.

El Dr. Pachauri no fue solo un amigo; fue un luchador por el planeta y el futuro de la humanidad. Su legado es un faro de esperanza en estos tiempos difíciles, y estoy orgulloso de prestar mi voz a su mensaje. Que este libro inspire un cambio global de conciencia, que refleje la sabiduría de Gandhi y el espíritu inquebrantable del Dr. Pachauri.

Con profundo respeto y solidaridad,

J. Ramos-Horta
Premio Nobel de la Paz (1996)
Presidente de Timor-Leste (2022-2027), (2007-2012)

Prólogo

Me siento muy emocionada y profundamente honrada por la oportunidad de sumar mi voz y mis palabras como prólogo a este maravilloso libro. En su canción "Glory", el artista John Legend habla de la "sabiduría de los mayores y la energía de los jóvenes". Se requieren ingredientes de ambos para generar un cambio social profundo y significativo. Escuché estas palabras cantadas de una manera nueva cuando el Sr. Legend encabezó el concierto del Premio Nobel de la Paz en Oslo en 2017, en honor a la Campaña Internacional para Abolir las Armas Nucleares (ICAN), la cual resultó ganadora del Premio Nobel de la Paz en 2017, una campaña que ayudé a iniciar en 2007.

El respeto de John Legend tanto por los mayores como por los jóvenes nunca se resume mejor que en esta gloriosa obra del ahora difunto, pero perpetuamente recordado Dr. R. K. Pachauri. Mientras leía este manuscrito, me sentí en una conversación con uno de nuestros más útiles ancestros en el movimiento para proteger nuestro hermoso planeta. Y él nos señala el camino, con una erudición articulada, cuidadosa y apasionada, hacia otro ancestro, el gran Mahatma Gandhi.

Pero no se detiene allí. No, honra la energía, la perspicacia y la integridad de los jóvenes. Rinde un homenaje específico a Greta Thunberg. Y está claro, a través de este, su último manuscrito, y a través del Movimiento POP, que, junto con el Dr. Ash Pachauri, es su última gran reunión de la próxima generación, que tenía una profunda creencia en el futuro, un futuro lleno de esperanza y armonía, integridad, compasión y conexión.

El Dr. Pachauri fue honrado en 2007 cuando el Grupo Intergubernamental de Expertos sobre el Cambio Climático, que él dirigía, recibió el Premio Nobel de la Paz. El mayor honor que podemos otorgarle ahora es prestar atención a sus palabras.

En nuestros días, nos encontramos en grave peligro debido a dos amenazas existenciales asociadas, la crisis climática y la presencia continua y creciente de armas nucleares. Dada nuestra situación, se necesita urgentemente una solución radical. Gandhi nos proporcionó un conjunto de opciones, y el Dr. Pachauri nos muestra que se aplican a nuestra crisis actual. En consecuencia, la pregunta es la siguiente: ¿Tendremos el coraje de liderar hacia un futuro sostenible y esperanzador?

Con esperanza y determinación,

Dra. Ruth A. Mitchell, Neurocirujana
Presidenta de la Junta Directiva de la Asociación Internacional de Médicos para la Prevención de la Guerra Nuclear (IPPNW) (Premio Nobel de la Paz 1985)
Expresidenta de la Junta Directiva de la Campaña Internacional para la Abolición de las Armas Nucleares (ICAN) Australia (Premio Nobel de la Paz 2017)

Prefacio

La sociedad humana toma consciencia, cada vez más, de los errores de nuestra civilización y de lo que hay que hacer para cambiar el modelo que se nos ha obligado a aceptar como camino de crecimiento y desarrollo para mejorar el bienestar humano. Los científicos, los dirigentes políticos y los ciudadanos comunes están encontrando pruebas contundentes de que la propia condición humana se está deteriorando y está sufriendo una degradación continua y rápida. Al mismo tiempo, los bienes que la naturaleza nos ha otorgado se encuentran en un estado de alarmante y continuo deterioro. En las últimas tres décadas, la conciencia sobre el cambio climático inducido por el hombre y los riesgos que impone a través de sus crecientes impactos ha entrado en nuestra conciencia de forma colectiva y continua.

El hecho de que algo anda mal con nuestro modelo de desarrollo - y con los acuerdos globales que tenemos en vigor - se pone de manifiesto en el hecho de que, por ejemplo, aunque la Convención Marco de las Naciones Unidas sobre el Cambio Climático (CMNUCC) existe desde hace más de un cuarto de siglo, las emisiones de gases de efecto invernadero aumentaron en 2018 en clara negligencia de los objetivos mismos de la CMNUCC. En la actualidad, se alzan muchas voces sobre la imposibilidad de regresar los ecosistemas de este planeta a un estado razonablemente saludable, de modo que se reduzca o detenga la extinción de especies, se recuperen los servicios que brindan los bienes de la naturaleza y sus ecosistemas y se minimicen los riesgos del cambio climático, todo ello para garantizar que los desastres del futuro no pongan en peligro a la sociedad humana y a otras especies del planeta Tierra.

Hay quienes niegan las tendencias que presagian la ruina de los ecosistemas de este planeta, y tal vez haya un número igual de personas que simplemente se rinden con una resignación impotente y que parecen pensar que las soluciones que la humanidad puede idear son ineficaces para responder oportunamente.

Estas personas se encuentran en un estado de desesperación e inevitabilidad ante un futuro desolador. Sin embargo, hay un grupo de individuos racionales que poseen un sentido de responsabilidad y urgencia, gracias al cual aprecian la necesidad de un cambio como radicalmente esencial e inevitable. Mahatma Gandhi dijo: "Un pequeño grupo de espíritus decididos, impulsados por una fe inquebrantable en su misión, puede alterar el curso de la historia".

Si estudiamos la vida de Gandhi, nos inspiraremos en lo que este ser humano humilde y espiritualmente fuerte fue capaz de lograr en toda su vida contra el imperio más poderoso de la Tierra y en apoyo de los 300 millones de indios empobrecidos que vivían en la época en que Gandhi emprendió su lucha no violenta por la independencia de la India. Yo era un niño cuando la India alcanzó la independencia, y todos nosotros, incluida la gran mayoría de los adultos del país, lo veíamos como la encarnación de Dios y un transformador de la sociedad que podía lograr resultados milagrosos.

El 150 aniversario de Gandhi se celebró el mismo día de su cumpleaños en 2019 y, si viviera hoy, habría reflexionado sobre toda la historia de la revolución industrial que estaba en pleno apogeo cuando nació. Era un individuo impulsado por sus creencias inflexibles e inquebrantables en los valores que formaban parte de su carácter, pero era un buen estudiante y estaba dispuesto a cambiar sus puntos de vista dentro de los límites de la razón. Por ejemplo, admitió que "la maquinaria tiene su lugar; ha llegado para quedarse... No estoy en contra de la maquinaria como tal. La *charkha* (rueda de hilar) en sí misma, es de hecho una maquinaria. Pero soy un enemigo decidido de toda maquinaria diseñada para la explotación de las personas". Tal vez, Gandhi hubiera sido totalmente sensible a la mecanización que desposee a los seres humanos comunes y los explota, pero tal vez también hubiera visto la tecnología de la información como un facilitador de los seres humanos y un defensor de sus habilidades y una mayor productividad. Sin duda, habría visto la enorme brecha que existe entre la élite rica del mundo, que se enriquece cada día más, y la masa estática de la pobreza, que refleja claramente la explotación de la sociedad por parte de unos pocos privilegiados a costa de un número sustancial de personas que no ven mejora alguna en sus vidas y su bienestar.

Este libro es un sombrío recordatorio de la visión de Gandhi sobre la vida, que se relaciona plenamente en igual medida con la cruda realidad de las estadísticas y parámetros deprimentes y que auguran la destrucción y degradación de los recursos y bienes invaluables de la naturaleza. Más aún, analiza las direcciones en las que la propia calidad de la vida humana se está moviendo hacia un futuro cada vez más insostenible. También se centra en cómo la juventud de este mundo sufrirá, en un corto período de tiempo, las horribles consecuencias de nuestros actuales patrones de desarrollo que nos brindan placeres y valores no acordes con el pensamiento gandhiano y que son miopes y transitorios, al tiempo que afectan la base misma sobre la que se pueden sostener todas las formas de vida en el futuro. Una visión gandhiana debería convencernos de la manera drástica y radical en que la sociedad humana necesita cambiar con un sentido de urgencia. Tal cambio, sin duda, no será indoloro, pero garantizaría que alcancemos un nivel de comodidad, estabilidad y seguridad con el tiempo una vez que el dolor inicial, aunque temporal, haya pasado. Cualquier cosa más allá de este enfoque sería desastrosa simplemente porque en esta etapa y en el contexto de fuerzas que están destruyendo los recursos de este planeta, así como los valores que proporcionan a todas las especies, no tenemos opciones fáciles.

Fue a principios de la década de 1990 cuando mi difunto colega en el Instituto de Energía y Recursos (TERI), el Dr. Triloki Nath Khoshoo, un científico brillante y un ser humano de la más alta calidad, comenzó a estudiar las obras de Mahatma Gandhi. Encontró una riqueza de sabiduría y buen sentido en las creencias de Gandhi relacionadas con la naturaleza, el propósito mismo del desarrollo humano y cómo el pensamiento gandhiano se convertiría en un faro para la sociedad humana en su búsqueda de la sostenibilidad y lo que percibe como la esencia del crecimiento y el desarrollo para todos. Animé al Dr. Khoshoo a publicar un libro sobre este tema, al que tituló "Mahatma Gandhi: un apóstol de la ecología humana aplicada". Este valioso folleto se publicó por primera vez en 1995, se reimprimió en 1996 y luego en 2002, el libro de Gandhi se publicó nuevamente como homenaje al Dr. T. N. Khoshoo, quien lamentablemente había partido de este mundo. En el año 2019, el pensamiento y la filosofía de Mahatma Gandhi como apóstol de la ecología humana aplicada son, incluso más convincentes que cuando se publicó por primera vez el libro del Dr. Khoshoo. Por lo tanto, en un mundo que actualmente está lidiando con los impactos negativos y las externalidades impuestas por la sociedad humana en este planeta y los recursos que proporciona, el mensaje de Gandhi se vuelve más nítido y claro. Su visión recomienda un cambio brusco de dirección de aquello que hemos aceptado como el patrón establecido de crecimiento y desarrollo hacia un cambio vertiginoso, rápido, drástico e inaplazable.

Este volumen examina los riesgos asociados con el cambio climático y el daño a los ecosistemas de la Tierra que claramente presagian un desastre a gran escala. Desde su creación en 1988, el Grupo Intergubernamental de Expertos sobre el Cambio Climático (IPCC) ha publicado una serie de informes de evaluación que proporcionan claramente la base científica del cambio climático inducido por el hombre y sus crecientes impactos, incluidos los fenómenos extremos que están imponiendo a la sociedad en todo el mundo. Gandhi dijo acertadamente: "Una sociedad tecnológica tiene dos opciones. En primer lugar, puede esperar hasta que los fallos catastróficos expongan las deficiencias sistémicas, la distorsión y los autoengaños... En segundo lugar, una cultura puede proporcionar controles y contrapesos sociales para corregir la distorsión sistémica antes de que se produzcan fallos catastróficos".

A pesar de la abrumadora explicación científica de lo que las actividades humanas están haciendo con los bienes comunes globales, incluida la alteración de un clima relativamente estable, ahora estamos en las garras de un creciente autoengaño. Por lo tanto, sería apropiado aceptar el consejo de Gandhi y proporcionar los controles y contrapesos sociales que evitarían los desastres y los fracasos catastróficos.

El remedio está en el cambio disruptivo-revolucionario- porque existen límites severos a los esfuerzos reformistas, esos que, en el mejor de los casos, marcarían una diferencia marginal en los resultados que nos interesaría alcanzar colectivamente.

Gandhi no era reacio a los cambios disruptivos, ya fuera por la escasa ropa que vestía, el estilo de vida sencillo que llevaba o las restricciones que se imponía como un cambio distinto y radical de aquello con lo que había sido criado. El mundo necesita un cambio drástico y disruptivo que vaya mucho más allá de las opciones tecnológicas y de los cambios económicos y políticos menores, sino que enfatice la aceptación de una religión y una filosofía claramente diferentes de las que practicamos hoy. También requiere una reducción deliberada de las necesidades materiales y la limitación de la expansión del consumismo, que ha emanado de los países occidentales desde el comienzo de la industrialización.

Gandhi examina estos cambios disruptivos y de ninguna manera aboga por un alejamiento del capitalismo, eso que muchos analistas están articulando hoy. Sin embargo, aboga por una nueva forma de capitalismo que satisfaga las necesidades justas y equitativas de la sociedad. Tampoco estamos a favor de la defensa por parte de varios economistas ecológicos de políticas de "decrecimiento", por las cuales el crecimiento del PIB se reduce a un nivel negativo. Por otra parte, lo que se favorece es el crecimiento económico, que tiene en cuenta las externalidades negativas y la reducción de la riqueza de la naturaleza y de los servicios ecosistémicos de los que se benefician la sociedad humana y todas las especies vivas y, de hecho, de los que sobreviven. En conjunto, con el clamor creciente por lograr un cambio, que puede ayudar a que nuestro planeta sobreviva a duras penas, el estilo de vida gandhiano es un objetivo extremadamente eficaz y sostenible para la sociedad humana. Cualquier esfuerzo más egoísta y que ignore la enorme pérdida de biodiversidad y de los ecosistemas de la Tierra conduciría en última instancia a grandes peligros que también afrontarían los seres humanos. Si bien las opiniones y los valores de Gandhi pueden parecer radicales y tal vez incluso imposibles de considerar seriamente, su enfoque parece el más apropiado y digno de una profunda reflexión y aplicación. Como evidencia de nuestro camino de desarrollo, que se basa en un consumo y una producción cada vez más insostenibles, Gandhi nos ofrece un conjunto de opciones que, si bien son difíciles de llevar a cabo, dados nuestros valores actuales y nuestra inercia mental, parecen ser las opciones más atractivas para el futuro.

Preludio

Introducción a Un Cambio Global hacia Gandhi: *Shastra* terrestre y *Arthashastra* humana
por el Dr. R. K. Pachauri

El Dr. R. K. Pachauri, un líder visionario y defensor global del desarrollo sostenible, dedicó su vida a defender la causa de la preservación del medio ambiente y la equidad social. Su profunda comprensión de la interconexión entre la humanidad y la naturaleza lo inspiró a escribir este libro, Un Cambio Global hacia Gandhi: *Shastra* terrestre y *Arthashastra* humano*.

Trágicamente, el Dr. Pachauri falleció el 13 de febrero de 2020, antes de que pudiera ver fructificar este importante trabajo. En honor a su legado perdurable, su familia ha asumido la responsabilidad de publicar este libro, reconociendo que su mensaje es hoy más vital que nunca.

Este libro no es solo un reflejo de la profunda reverencia del Dr. Pachauri por los principios de Mahatma Gandhi, si no también un llamado claro al mundo: un plan para conducir nuestro camino hacia un futuro sostenible y equitativo. Mientras nos encontramos al borde de una catástrofe ambiental, las lecciones resumidas en estas páginas ofrecen una luz guía que nos recuerda que la sabiduría del pasado puede allanar el camino hacia un mañana mejor.

La *Shastra* (Ciencia) terrestre y la *Arthashastr*a (Economía) humana son las piedras angulares de la filosofía de este libro. El Dr. Pachauri reinterpreta estos términos a partir de los antiguos conceptos indios de gobernanza y arte de gobernar para alinearlos con la visión de Gandhi de una sociedad justa y sostenible.

La *Shastra* terrestre representa un enfoque holístico del desarrollo que coloca a la Tierra, la fuente de toda vida, en el centro de los esfuerzos humanos. Exige un profundo respeto por los límites de la naturaleza y la comprensión de que el verdadero progreso no puede darse a expensas de la degradación ambiental. En este marco, la Tierra no es simplemente un recurso para ser explotado, sino una entidad viva que debe ser nutrida y protegida.

Por otra parte, la *Arthashastra* humana reimagina el concepto tradicional de riqueza y prosperidad. Basándose en las enseñanzas de Gandhi, aboga por una forma de capitalismo compasivo y justo, donde las actividades económicas se lleven a cabo teniendo en mente el bienestar de todos los miembros de la sociedad. Desafía el paradigma actual de consumismo desenfrenado y desigualdad, instándonos a seguir un camino de desarrollo equitativo, inclusivo y sostenible.

En conjunto, estos conceptos aglutinan la esencia de la filosofía de Gandhi, que busca la armonía entre las aspiraciones humanas y el mundo natural y entre la riqueza material y el bienestar espiritual. El mensaje del Dr. Pachauri al mundo a través de este libro es claro: debemos cambiar urgentemente nuestra mentalidad y acciones hacia un modelo de desarrollo que respete los recursos finitos de nuestro planeta y defienda la dignidad y el bienestar de todos sus habitantes.

Al emprender este viaje a través de las páginas de Un Cambio Global hacia Gandhi, espero que la visión del Dr. Pachauri lo inspire y lo capacite para contribuir al movimiento global por un mundo más sostenible y justo, un mundo que honre el legado tanto de Mahatma Gandhi como del Dr. R. K. Pachauri.

* En palabras del Dr. Pachauri: *El antiguo texto sánscrito Arthashastra (shastra=ciencia), escrito durante el siglo II a. C., incluía políticas económicas, ética y estrategias militares para influir en los gobernantes y el público durante milenios. Hoy en día, aceptemos el Shastra terrestre como guía para el arte de gobernar en el siglo XXI.*

La velocidad es irrelevante si se va en la dirección equivocada

Hay varios aspectos del pensamiento de Gandhi que tienen relevancia para resolver las tendencias catastróficas que se evidencian hoy. Su creencia era centrarse en el entorno inmediato de una persona y excluir lo más remoto. De hecho, este es un principio sobre el que se había desarrollado una relación íntima con el tiempo, en la que los seres humanos aceptaban la responsabilidad por los recursos naturales que los rodeaban. Ese era claramente el acuerdo que existía en la India antes de que los británicos impusieran el colonialismo en el país. Con el deseo de obtener un gran volumen de productos de madera, que se producían profusamente a lo largo y ancho de la India, la potencia colonial nacionalizó los bosques con el argumento de que las comunidades locales eran patentemente irresponsables y destruirían rápidamente los recursos forestales. Esto dio a los británicos la oportunidad de explotar y enviar madera preciosa, como la teca de mejor calidad, al Reino Unido para la construcción de vagones de ferrocarril, barcos, muebles, edificios y muchos productos. Las comunidades locales, por lo tanto, se vieron desposeídas y para satisfacer sus propias necesidades recurrieron de hecho a la tala ilegal de árboles, en cierta medida en contraste con la manera casi religiosa en que los cuidaban antes de manera sostenible.

Gandhi también era muy consciente de su ideal de igualdad económica. Creía que los ricos debían actuar como depositarios de la riqueza que poseían, que, en su opinión, estaba en manos de los pobres. Pensaba que la riqueza depositada en fideicomiso para los pobres haría innecesaria la expropiación mediante la promulgación de leyes. Su creencia en la democracia se basaba esencialmente en una democracia sin Estado consistente en una federación de comunidades aldeanas que funcionaran sobre la base de la cooperación voluntaria y la coexistencia digna y pacífica. En este sentido, su modelo se acercaba mucho al de una cooperativa. El éxito de las cooperativas en diferentes partes del mundo ha asegurado en general la igualdad de oportunidades, una distribución justa y equitativa de los ingresos, el crecimiento de la riqueza y la prosperidad global para cualquier empresa de ese tipo. En la propia India, la llamada revolución blanca encabezada por el Dr. Verghese Kurien, en la que la producción de leche a través del sistema cooperativo fue de 55.8 millones de toneladas con una disponibilidad de 178 gramos/día per cápita en 1991-92, alcanzó los 176.3 millones de toneladas con una disponibilidad de 375 gramos/día per cápita en 2017-18. Este aumento espectacular se produjo a partir de un nivel totalmente deficiente y estancado antes de la introducción de las cooperativas. Sin embargo, otras regiones también han logrado un éxito similar si contaban con las condiciones adecuadas.

En el año 1935, Gandhi expresó la opinión: "Contemplo un aumento del poder del Estado con el mayor temor porque, aunque aparentemente hace el bien al minimizar la explotación, hace el mayor daño a la humanidad al destruir la individualidad que se encuentra en el corazón de todo progreso". Quizás esta opinión también se relaciona con la advertencia emitida por el general Eisenhower cuando estaba dejando el cargo como presidente de los EE.UU. y advirtió sobre el poder del "complejo militar-industrial". En el mundo actual, los enormes recursos y poder que los intereses creados pueden reunir y controlar distorsionan los objetivos mismos de los gobiernos democráticos elegidos para el bien de la sociedad por los votantes que pertenecen a esa sociedad. Las guerras a menudo las inician quienes se dedican a la producción de armas y gracias a ellas obtienen enormes ganancias. La salud de los seres humanos también se ve gravemente arruinada por quienes se dedican al negocio de la producción y venta de productos de tabaco.

El cambio climático inducido por el hombre se está volviendo cada vez más grave porque quienes obtienen grandes beneficios de los combustibles fósiles retrasan la introducción de sustitutos con menos emisiones de carbono para sustituirlos. Lo que les resulta conveniente es seguir obteniendo beneficios fáciles, aunque las externalidades asociadas a la concentración de bióxido de carbono en la atmósfera adopten la forma de un cambio climático producido por el hombre, con todos sus impactos y riesgos crecientes. También es bien sabido que los grupos de presión que representan a algunas de esas industrias utilizan su dinero y poder para acallar las voces de quienes ofrecen una base racional para el cambio. Este autor ha sido objeto de esfuerzos encubiertos y de una difusión abierta de información falsa en un intento de lograr que la ciencia del cambio climático no pueda difundirse entre el público en general y los responsables de la toma de decisiones. Tras la publicación del Cuarto Informe de Evaluación (IE4) del IPCC y tras la entrega del Premio Nobel de la Paz, que este autor recibió en nombre del IPCC, los escépticos del clima y el lobby de los combustibles fósiles organizaron una campaña a gran escala para desacreditar las conclusiones del IE4. Estos intentos han continuado durante los últimos diez años y, de hecho, han sido parcialmente eficaces para sembrar dudas en las mentes de los que toman las decisiones y el público en general. Fue necesaria la intervención de una joven sueca de 16 años, Greta Thunberg, para movilizar a la opinión pública en 2019 y poder sensibilizar a los líderes mundiales sobre los peligros y la inmoralidad del cambio climático basándose en una obsesión por la continuación de nuestras tendencias consumistas.

Un artículo en The Guardian plantea la pregunta: "Acabar con el cambio climático requiere el fin del capitalismo. ¿Tenemos el estómago para ello?" El artículo comienza diciendo: "Los ajustes de política no lo solucionarán. Necesitamos arrojar todo lo que podamos a esto con un replanteamiento total de nuestra relación con la propiedad, el trabajo y el capital". Varias personas en todo el mundo creen ahora que la forma en que se ha definido el progreso económico ha llevado a un malestar que está causando enormes impactos negativos en el bienestar de la sociedad humana. Si tomamos el caso de las crecientes desigualdades, el informe de Oxfam publicado a principios de 2019 llega a la sorprendente conclusión de que los multimillonarios del mundo se están volviendo 2,500 millones de dólares más ricos cada día, mientras que la mitad más pobre de la población mundial está viendo disminuir su patrimonio neto. Los multimillonarios, que en 2019 sumaban un récord de 2,208, tienen más riqueza que nunca según el informe de Oxfam Internacional de 2019.

Sorprendentemente, las fortunas combinadas de las 26 personas más ricas del mundo alcanzaron los 1.4 billones de dólares el año pasado, lo que representa la misma cantidad que la riqueza total de los 3,800 millones de personas más pobres. Esto ciertamente no representa la filosofía de Gandhi, que creía que los ricos son fideicomisarios de la riqueza que la poseen esencialmente en nombre de la sociedad en su conjunto. Gandhi era crítico del modelo de crecimiento económico y desarrollo seguido por la mayoría de los países del mundo. Este modelo se basaba en el concepto de economías de escala con una centralización a gran escala de las instalaciones de producción y fabricación que conducía a una rápida urbanización. El resultado es que hoy en día todos los países del mundo, tanto desarrollados como en desarrollo, siguen una monocultura de desarrollo basada en una rápida urbanización.

Los centros urbanos han existido desde tiempos inmemoriales, pero rara vez se los consideraba lugares a los que acudían en masa personas procedentes de las zonas rurales en busca de empleo y vivían sin ninguna infraestructura o servicios básicos, a menudo en barrios marginales totalmente inhabitables. En los primeros ejemplos de urbanización, por lo general, la gente más pobre vivía en la periferia, mientras que los sectores más ricos de la sociedad vivían en el centro de la ciudad.

Fue a mediados del siglo XVIII, con la llegada de la revolución industrial, cuando las ciudades más antiguas se transformaron en sistemas más modernos. Esto dio lugar, por lo general, a que las fábricas y las instalaciones de fabricación se ubicaran en las afueras de las ciudades y otros establecimientos comerciales, incluidos bancos, unidades comerciales y otras empresas de naturaleza comercial, ocuparan espacios en las zonas céntricas de las ciudades.

A finales del siglo XIX, varias ciudades de Europa occidental y América ampliaron su población en zonas urbanas por encima del 30% del total. Al mismo tiempo, para la clase trabajadora, se proporcionaron viviendas en las afueras de las ciudades, cerca de las fábricas que proporcionaban empleo. Los avances tecnológicos relacionados con los sistemas de transporte, como trenes, tranvías y automóviles, dieron lugar a un rápido crecimiento de las ciudades y, con la llegada de ascensores y elevadores, también aumentó la altura de los edificios. Como los niveles de ingresos en los países en desarrollo siguen siendo, en general, bajos, la provisión de infraestructuras y servicios básicos para los pobres sigue estando muy pobremente financiada y, por lo tanto, las ciudades más grandes del mundo en desarrollo están ocupadas por barrios marginales, que a menudo albergan al 40% o más de los habitantes de las ciudades que han emigrado de las zonas rurales. Sin embargo, la expansión de las oportunidades de empleo, que por lo general no existen en las zonas rurales, atrae a millones de habitantes de las ciudades en busca de trabajo y medios de vida, incluso en ausencia de servicios muy básicos en los barrios marginales. El hecho de que estas tendencias puedan agravar los problemas del futuro era algo que Gandhi comprendió y previó como una forma inferior de urbanización y que emuló las tendencias de los países desarrollados.

El modelo occidental de crecimiento y desarrollo tiene otras implicaciones y efectos, entre ellos una reducción masiva de la riqueza y los activos naturales que no sólo sirven a la sociedad humana, sino también a las especies vivas de todas las formas. El Fondo Mundial para la Naturaleza (WWF) publica cada dos años su Informe Planeta Vivo y en la versión de 2018 afirma: "En promedio, hemos visto una sorprendente disminución del 60% en el tamaño de las poblaciones de mamíferos, aves, peces, reptiles y anfibios en poco más de 40 años. Las principales amenazas para las especies identificadas en el informe están vinculadas directamente a las actividades humanas, incluida la pérdida y degradación del hábitat y el uso excesivo de la vida silvestre, como la sobrepesca y la caza excesiva". Al mismo tiempo, se estima que la Tierra ha perdido aproximadamente la mitad de sus corales de aguas poco profundas en los últimos 30 años; una quinta parte de los bosques amazónicos ha desaparecido en solo 50 años. El WWF también estimó que, a nivel mundial, la naturaleza brinda servicios por un valor de alrededor de 125 billones de dólares al año, al tiempo que ayuda a suministrar aire fresco, agua limpia, alimentos, energía, medicamentos y mucho más. En esencia, por lo tanto, lo que medimos como aumento del PIB representa una disminución masiva tanto de la riqueza que este planeta poseé para el beneficio de todos como de los servicios que proporciona a la sociedad humana y a todas las especies vivientes. En las páginas siguientes analizamos las fallas del PIB como medida del progreso humano, lo que no hace más que sacar a la luz las críticas que Gandhi resaltó repetidamente contra el modelo occidental de democracia y desarrollo. La democracia y la práctica del capitalismo, tal como se observa en varios países del mundo desarrollado, han sido secuestradas en gran medida por intereses creados.

La cuestión que debe considerarse es cómo las tendencias actuales que se están extendiendo por todas las sociedades reflejan valores humanos que se están erosionando a través de una monocultura universalmente uniforme y si ese desarrollo puede revertirse de manera constante y sin problemas. La respuesta a esta pregunta sería un rotundo"no", porque puede haber mérito en un cambio drástico y disruptivo que llegue al corazón mismo del sistema que vemos prevalecer en todo el mundo y, ciertamente, ningún proceso de ese tipo funcionaría mediante el cual se pueda lograr un progreso rápido a través de tendencias constantes. Un cambio tectónico es la única solución. Necesitamos adoptar una visión global en un mundo que se encoge cada día.

En la actualidad, África tiene una población de casi 1,300 millones de personas, pero se prevé que en 2050 esa cifra alcancelos 2,500 millones. Con un gran número de personas que viven en la pobreza y un bajo nivel de alfabetización y educación, las perspectivas de disminución de la fecundidad no parecen muy alentadoras. Por ejemplo, a partir de la década de 1950, la fecundidad de ese continente aumentó ligeramente, llegando a siete hijos por mujer a principios de la década de 1970. Sin embargo, después de ese período, hubo una marcada divergencia entre las diferentes regiones. En África septentrional y meridional, las tasas de fecundidad disminuyeron. En África septentrional, por ejemplo, la fecundidad se redujo de siete hijos por mujer en la década de 1960 a cinco a finales de la década de 1980 y luego a tres en 2005-2010. En África meridional, donde las tasas de fecundidad eran de seis hijos por mujer en la década de 1960, el nivel descendió a cuatro a finales de la década de 1980 y a 2.71 en 2005-2010. Sin embargo, en el caso de África oriental, las tasas de fertilidad se mantuvieron por encima de siete hijos por mujer incluso a fines de la década de 1980, para luego descender hasta permanecer en casi cinco en el período 2010-2015.

El punto esencial que hay que destacar es que el modelo de urbanización seguido en Occidente no puede ser emulado en un continente como África, donde la gran mayoría de la población todavía vive lejos de las ciudades. Si se respetaran los principios gandhianos de desarrollo económico, éstos tendrían una enorme relevancia para África. Si no seguimos el enfoque de tratar las áreas no urbanas como el foco del desarrollo, habría una enorme explotación de un grupo sobre otro, lo que llevaría a un creciente conflicto y a una violencia generalizada. En gran medida, África sigue estando sujeta a prácticas colonialistas porque, aunque el continente tiene un gran volumen de recursos minerales e hidrocarburos, son esencialmente las corporaciones del mundo desarrollado las que cosechan todos los beneficios de la explotación de estos recursos. Es trágico que todos los excedentes generados por estas corporaciones beneficien sólo a los accionistas y a los poderosos del mundo desarrollado, y se hagan pocas inversiones en los países exportadores de estos productos.

Tal vez sea necesaria una convención internacional que establezca claramente un freno a algunas de estas prácticas nocivas, junto con el desarrollo de modelos alternativos que hagan hincapié en el desarrollo no urbano como una prioridad mucho mayor que la provisión de infraestructura, recursos y capacidad humana en las zonas urbanas.

Gandhi era particularmente sensible a una clase de seres humanos que explota a otros que no tienen la suerte de poseer los mismos medios y a aquellos cuya riqueza e ingresos les dejan pocas opciones más que ser subordinados a los explotadores. Consideraba esta forma de explotación económica como un caso severo de violencia, lo que claramente significaba que estaba ampliando el concepto de violencia a la explotación injusta o injustificada de aquellos que podrían considerarse más débiles en términos de estatus social, riqueza e ingresos que los explotadores. Gandhi pensaba lo siguiente:

Hay momentos en que hay que obedecer a un llamado que es el más alto de todos, es decir, la voz de la conciencia, aunque tal obediencia pueda costar muchas lágrimas amargas, y aún más la separación de los amigos, de la familia, del estado al que uno pertenece, de todo lo que uno ha considerado tan querido como la vida misma. Porque esta obediencia es la ley de nuestra existencia... Privar a un hombre de su libertad natural y negarle las comodidades ordinarias de la vida es peor que matar de hambre al cuerpo, es matar de hambre al alma, al morador del cuerpo.

Esta, por supuesto, era su opinión sobre el gobierno colonial, pero se aplicaba igualmente a la esclavitud, al azote del apartheid en Sudáfrica y a la negación de los derechos civiles en particular. Por lo tanto, criticaba los modos de vida americanos y europeos que históricamente e incluso hoy han negado la libertad natural a tantos.

La búsqueda incesante de comodidades materiales y su multiplicación es un mal. Me atrevo a decir que los europeos tendrán que remodelar su perspectiva, si no quieren perecer bajo el peso de las comodidades de las que se están convirtiendo en esclavos.

Advirtió al mundo occidental del sombrío escenario que se avecinaba.

Llegará un momento en que quienes hoy se apresuran a multiplicar sus necesidades volverán sobre sus pasos y dirán: ¿qué hemos hecho?... La civilización moderna es tal que sólo hay que tener paciencia y se autodestruirá.

A principios del siglo XX, muchas sociedades occidentales explotaron a otras sociedades, como en el caso del colonialismo. Obviamente, esto tuvo un impacto agudo en el pensamiento de Gandhi, que veía esta forma de violencia como parte de un proceso histórico. Claramente, la sociedad estadounidense, tal como existe hoy, conquistó sus vastos territorios primero diezmando a las tribus indígenas y luego a través de la migración de esclavos desde el continente africano para proporcionar mano de obra para actividades económicas en condiciones extremadamente inhumanas. También libraron guerras contra sus vecinos, como México, anexando grandes áreas de tierra a su propio territorio. Gandhi aparentemente relacionó incluso algunos de los defectos de la sociedad estadounidense actual con las atrocidades históricas que él sentía que eran una parte inherente del llamado progreso económico de esa sociedad. De manera similar, los esfuerzos del Reino Unido por imponer su voluntad y su forma inequitativa de gobierno a través del colonialismo posiblemente definieron la naturaleza y el comportamiento de ese país hacia el resto del mundo en desarrollo. El Reino Unido también fue un factor importante en el establecimiento de la esclavitud en varias partes del mundo.

Gandhi vio la práctica actual de la democracia como un reflejo de los desarrollos históricos del pasado que se caracterizaron por la explotación de una clase por otra. Fue por esta razón que aborrecía el trasplante de gobiernos de sociedades occidentales a un país en desarrollo como la India. Sus advertencias al respecto no fueron escuchadas y hoy, incluso en los países en desarrollo, vemos tendencias similares a las de las sociedades occidentales, que resultan en que la minoría más rica se vuelve más rica y la situación de los pobres permanece básicamente inalterada, lo que lleva a grandes disparidades en riqueza e ingresos. Gandhi vio esto como una extensión de la violencia por la que luchó toda su vida a través de medios no violentos.

La Universidad de las Naciones Unidas ha elaborado un punto de vista muy interesante sobre si las poblaciones rurales tienen mayor resiliencia que las de las áreas urbanas. En un documento publicado esencialmente sobre este tema con el título "Regreso a las comunidades rurales:resiliencia por sobre eficiencia", se analiza el ejemplo de una familia que se mudó de Zurich, en Suiza, a un pueblo en lo profundo de los Alpes suizos y se describe la vida que esta familia siguió en la ubicación de Zurich en comparación con lo que pudieron beneficiarse en el área rural a la que se mudaron. El punto de vista más valioso planteado en este documento es que tal vez la especialización sea la antítesis de la resiliencia. Lo que sugiere esta publicación es que en las zonas urbanas donde hay una amplia gama de especializaciones, esto claramente genera habilidades muy limitadas por parte de la población de esos lugares; esto no hace que los habitantes sean resilientes.

Lo que esta publicación plantea es el hecho de que la eficiencia es una de las claves del crecimiento económico. Sin embargo, dicha eficiencia a menudo se logra a través de una mayor especialización y del hecho de que muchos residentes urbanos tienen un conjunto reducido de habilidades altamente especializadas, como contabilidad, asesoría legal, pediatría, etc., y, por supuesto, ejercen estas habilidades de manera eficiente. Además, dependen de otros especialistas para satisfacer las necesidades fundamentales de su existencia y vida diarias. Sin embargo, si observamos las localidades rurales, encontramos que hay una resiliencia mucho mayor, y la publicación se refiere a una economía de tipo Robinson Crusoe donde un solo individuo, es decir, Robinson Crusoe, es responsable de cada una de las tareas que lleva a cabo en su isla. Esta visión también concuerda con lo que ha planteado la Plataforma Intergubernamental Científico-Normativa sobre Diversidad Biológica y Servicios de los Ecosistemas (IPBES) en su informe, en el que se considera que las comunidades indígenas son mucho más eficaces en la gestión de los recursos naturales que las rodean que aquellas que no tienen conocimiento de estas habilidades y tradiciones indígenas. En una época en la que el cambio climático y otros desastres naturales van a aumentar tanto en frecuencia como en intensidad, es necesario crear resiliencia en las comunidades, y éstas se basarían fundamentalmente en un sistema rural de desarrollo, en lugar de en los centros urbanos, que según el documento de la ONU se basan fundamentalmente en habilidades especializadas, y estas habilidades no necesariamente superan sus estrechas especializaciones para crear el enfoque integrado de la resiliencia que es una función de un conjunto más general y más amplio de habilidades que encarnan las poblaciones rurales. Dado que la tendencia a la urbanización comenzó esencialmente en Europa, a pesar de ciudades antiguas como Mohenjo-Daro y Harappa y otras en Oriente Medio, el rápido ritmo de urbanización tanto en los países en desarrollo como en los desarrollados merece cierta reflexión. Las grandes ciudades del mundo muestran esencialmente una cultura uniforme y la ruptura de la estructura familiar que conduce a las familias nucleares.

También es un principio bien conocido en las economías que la propensión marginal a consumir (PMC) es mucho mayor en los niveles de ingresos más bajos. En China, como también en la India, impulsar los ingresos rurales ayudaría a crear una mayor demanda de bienes y servicios. China todavía tiene el 40% de su población en zonas rurales. Un informe reciente del *Beijing Orient Agribusiness Consultant* afirma que los ingresos rurales en China han estado en declive desde 2014 y cayeron otro 20% en la primera mitad de 2019. Esto es claramente el resultado de las políticas de China de promover el desarrollo urbano a través de desarrollos de infraestructura en pueblos y ciudades.

Movimiento ecológico diseñado para prevenir la violencia contra la naturaleza

La Plataforma Intergubernamental Científico-Normativa sobre Diversidad Biológica y Servicios de los Ecosistemas (IPBES) ha sacado a la luz, en su informede 2019, algunos datos alarmantes que muestran claramente que la Tierra está siendo sometida a tensiones que superan con creces la capacidad de carga de los ecosistemas y los sistemasnaturales asociados. Por ejemplo, el 75% de la superficie terrestre se ha visto alterada significativamente, el 66% de la superficie oceánica está experimentando impactos acumulativos cada vez mayores y se han perdido más del 85% de los humedales en términos de superficie. Si bien el ritmo de pérdida de bosques se ha desacelerado a nivel mundial desde el año 2000, esta se distribuye de manera desigual. Lo más inquietante es la reciente quema de las selvas tropicales amazónicas en Brasil y en varias otras partes de América Latina.

En gran parte de los trópicos que tienen un alto nivel de biodiversidad, entre 2010 y 2015 se perdieron 32 millones de hectáreas de bosques primarios o en proceso de recuperación. Esto puede estar acompañado de un aumento de los bosques tropicales y subtropicales en algunos países y de un aumento de la extensión mundial de los bosques templados y boreales. Sin embargo, una serie de acciones, desde la restauración de bosques naturales hasta la plantación de monocultivos, contribuyen a estos aumentos y tienen consecuencias muy diferentes para la biodiversidad y sus contribuciones como servicio a las personas y a otras especies.

Aproximadamente la mitad de la cubierta de coral vivo de los arrecifes se ha perdido desde la década de 1870, mientras que las pérdidas se han acelerado en las últimas décadas debido a que el cambio climático termina exacerbando otros factores.

La abundancia promedio normal de las especies de la naturaleza en la mayoría de los principales biomas terrestres ha disminuido al menos en un 20%, lo que potencialmente afecta los procesos de los ecosistemas y, por lo tanto, las contribuciones de la naturaleza a las personas y otras especies. Esta disminución ha tenido lugar principalmente desde 1900, pero puede estar acelerándose con el tiempo. En áreas de alto endemismo, la biodiversidad nativa a menudo se ha visto gravemente afectada por especies exóticas de la variedad invasora. El tamaño de las poblaciones de especies silvestres criadas en agua ha tendido a disminuir en los últimos 50 años en la tierra, en agua dulce y en el mar. No se conocen las tendencias globales en las poblaciones de insectos, pero se han documentado disminuciones rápidas en algunos lugares. Un promedio de alrededor del 25% de las especies en los grupos animales y vegetales evaluados están amenazadas. Esto sugiere que alrededor de un millón de especies ya enfrentan la extinción y muchas la sufrirán en apenas décadas, a menos que se tomen medidas para reducir la intensidad de la pérdida de biodiversidad. Sin tales medidas, habrá una mayor aceleración en la tasa global de extinción de especies que ya es al menos, de decenas a cientos de veces más alta que la media de los últimos 10 millones de años en el mar.

El ritmo del cambio global en la naturaleza durante los últimos 50 años no tiene precedentes en la historia de la humanidad. Los impulsores totales del cambio en la naturaleza, con el mayor impacto global, han sido: los cambios en el uso de la tierra y el mar, los cuales han sufrido los impactos más graves, la explotación directa de organismos, el cambio climático, la contaminación y la invasión de especies exóticas. Estos cinco impulsores directos son el resultado de una serie de causas subyacentes, los impulsores indirectos del cambio, que, a su vez, están respaldados por valores y comportamientos sociales que incluyen patrones de producción y consumo, dinámicas y tendencias de la población humana, comercio, innovaciones tecnológicas y gobernanza local a global. El ritmo de cambio en los impulsores directos e indirectos difiere entre regiones y países.

La rápida disminución pasada y actual de la biodiversidad, los servicios y funciones de los ecosistemas y muchas de las contribuciones de la naturaleza a las personas y otras especies significa que la mayoría de los objetivos sociales y ambientales establecidos, como los objetivos plasmados en las Metas de Aichi para la Diversidad Biológica y la Agenda 2030 para el Desarrollo Sostenible, no se alcanzarán si se siguen las trayectorias actuales. Estas disminuciones también socavarán otros objetivos, como los especificados en el Acuerdo de París adoptado en la Convención Marco de las Naciones Unidas sobre el Cambio Climático y la Visión 2050 para la Diversidad Biológica. Se prevé que las tendencias negativas en materia de biodiversidad y funciones de los ecosistemas continúen o empeoren en muchos escenarios futuros en respuesta a factores indirectos como el rápido crecimiento de la población humana, la producción y el consumo insostenibles y el desarrollo tecnológico asociado. En marcado contraste, los escenarios y vías que exploran los efectos de un crecimiento poblacional de bajo a moderado y los cambios transformadores en la producción y el consumo de energía, alimentos, piensos, fibras y agua, el uso sostenible y la distribución equitativa de los beneficios derivados del uso en la adaptación y mitigación climáticas respetuosas con la naturaleza respaldarán mejor el logro de futuros objetivos sociales y ambientales.

Las áreas del mundo que se proyecta que experimentarán efectos negativos significativos de los cambios globales en el clima, la biodiversidad, las funciones y servicios de los ecosistemas y las contribuciones de la naturaleza a las personas y otras especies también albergan grandes concentraciones de pueblos indígenas y muchas de las comunidades más pobres del mundo.

Excepto en los escenarios que incluyen cambios transformadores, se proyecta que las tendencias negativas en la naturaleza, las funciones de los ecosistemas y muchas de las contribuciones de la naturaleza a las personas continuarán hasta 2050 y más allá debido a los impactos proyectados del creciente cambio en el uso de la tierra y el mar, la explotación de organismos y el cambio climático.

Los objetivos sociales, incluidos los relacionados con la alimentación, el agua, la energía, la salud, el logro del bienestar humano para todos, la mitigación y adaptación al cambio climático, y la conservación y uso sostenible de la naturaleza, pueden alcanzarse de manera sostenible mediante el despliegue rápido y mejorado de los instrumentos de política existentes y nuevas iniciativas que involucren de manera más eficaz a las personas y a los grupos de interés para un cambio transformador.

Por lo tanto, hemos llegado a una etapa en la degradación y destrucción de los servicios ecosistémicos y la riqueza de la naturaleza que claramente requiere un cambio transformador para lograr una restauración de lo que tal vez se consideraría como un avance hacia un estado saludable con estos activos. El cambio transformador en su forma ideal implica un cambio rápido hacia la filosofía gandhiana que también brindaría a los seres humanos mayor felicidad, bienestar y satisfacción.

En concreto, los siguientes cambios se refuerzan mutuamente:

1. Propiciar visiones de una buena calidad de vida que no impliquen un consumo material cada vez mayor.
2. Reducir el consumo total y el desperdicio, incluso abordando tanto el crecimiento demográfico y relacionado con el PIB como el consumo per cápita de manera diferente en diferentes contextos.
3. Dar rienda suelta a los existentes valores de responsabilidad ampliamente aceptados para afectar nuevas normas sociales para la sostenibilidad, especialmente mediante la adopción de nociones de responsabilidad

que incluyan los impactos asociados con el consumo, para abordar las desigualdades, especialmente en relación con los ingresos y el género, que socavan la capacidad de sostenibilidad.

4. Garantizar la adopción de decisiones inclusivas, la distribución justa y equitativa de los beneficios derivados del uso de los derechos humanos y el respeto de los mismos en las decisiones de conservación.
5. Contabilizar el deterioro de la naturaleza provocado por las actividades económicas locales y las interacciones socioeconómicas ambientales a distancia, incluido, por ejemplo, el comercio internacional, garantizando una innovación tecnológica y social respetuosa con el medio ambiente teniendo en cuenta los posibles efectos de rebote en los regímenes de inversión.
6. Promover la educación, la generación de conocimientos y el mantenimiento de diferentes sistemas de conocimientos, incluidas las ciencias y los conocimientos indígenas y locales sobre la naturaleza, la conservación y su uso sostenible.

Todos estos elementos están en el centro mismo del pensamiento y la filosofía de Gandhi.

El WWF, que publica cada dos años el Informe Planeta Vivo mencionado anteriormente, ha descrito en su último informe de 2018 que los escenarios y modelos pueden ayudar a los científicos a visualizar y explorar cómo las acciones alternativas afectan las interdependencias dinámicas entre la naturaleza, los beneficios de la naturaleza para las personas y la calidad de vida. Sin embargo, el desafío, según el WWF, es que nos enfrentamos no solo a la necesidad de identificar posibles vías que nos permitan restaurar la biodiversidad, sino que también tendríamos que lograr la transformación necesaria al tiempo que alimentamos a una población en crecimiento bajo los efectos acelerados del cambio climático en un mundo que está cambiando rápidamente. En este contexto, sería útil analizar el informe del IPCC publicado en 2019 sobre Cambio Climático y Tierra. Este informe pone claramente de manifiesto la insostenibilidad de los modelos actuales de sistemas alimentarios y dietas para una población en constante expansión y, por lo tanto, la evaluación científica muestra claramente que la sociedad humana tendrá que utilizar dietas basadas en plantas urgentemente durante un período de tiempo si queremos asegurar que la tierra no se degrade y alcance un nivel que sea insostenible.

El Informe Especial del IPCC sobre el Cambio Climático y la Tierra ha afirmado claramente que "entre el 25 y el 30% de las emisiones totales de GEI son atribuibles al sistema alimentario. Estas emisiones provienen de la agricultura y el uso de la tierra, el almacenamiento, el transporte, el envasado, el procesamiento, la venta minorista y el consumo".

El consumo de una dieta saludable y sostenible constituye una gran oportunidad para reducir las emisiones de GEI de los sistemas alimentarios y mejorar los resultados en materia de salud.

La agricultura y el sistema alimentario son fundamentales para las respuestas globales al cambio climático.

La combinación de acciones del lado de la oferta, como la producción y el transporte eficientes, con intervenciones del lado de la demanda, como la modificación de las opciones alimentarias y la reducción de la pérdida y el desperdicio de alimentos, reduce las emisiones de gases de efecto invernadero (GEI) y mejora la resiliencia del sistema alimentario.

Figura 1

Potencial técnico de mitigación del cambio de dietas para 2050 según una serie de escenarios examinados en la literatura. Las estimaciones son solo el potencial técnico e incluyen efectos adicionales de secuestro de carbono por conservación de tierras. Los datos sin barras de error son de un solo estudio.

Mitigación de la demanda
Potencial de mitigación de GEI de diferentes dietas

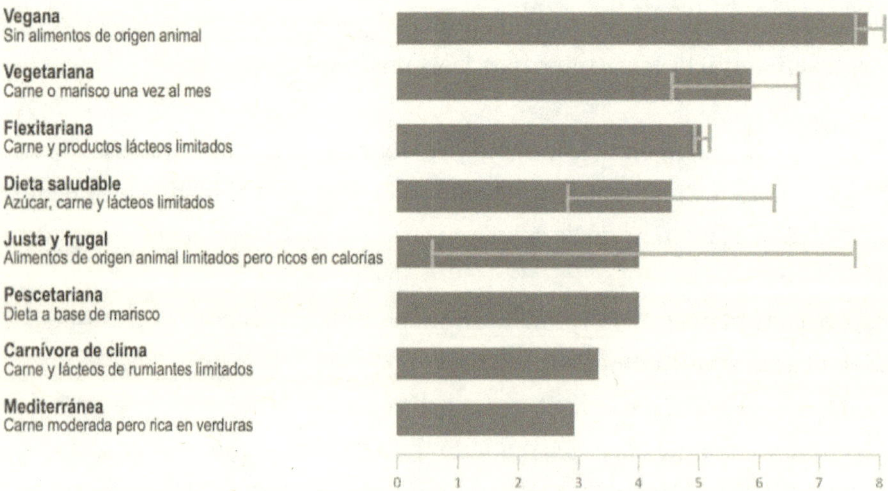

Demanda potencial de mitigación de GEI (Gt de CO_2 eq por año)

Fuente: Informe especial del IPCC sobre el Cambio Climático y la Tierra

Gandhi era vegetariano y se sabía que repetía lo que George Bernard Shaw había escrito en su poema "Somos las tumbas vivientes de las bestias asesinadas", que se incluye a continuación:

Somos las tumbas vivientes de las bestias asesinadas,
Masacradas para satisfacer nuestros apetitos.
Nunca nos detenemos a preguntarnos en nuestras fiestas,

si los animales, como los hombres, pueden tener derechos.

Rezamos los domingos para que tengamos luz,
para guiar nuestros pasos en el camino que recorremos.
Estamos hartos de la guerra, no queremos luchar;
pensar en ella ahora llena nuestros corazones de pavor,

Y sin embargo, nos atiborramos de muertos.
Como cornejas negras, vivimos y nos alimentamos de carne,
sin importar el sufrimiento y el dolor
que causamos al hacerlo, si así tratamos
a animales indefensos por diversión o ganancia,
¿cómo podemos esperar en este mundo alcanzar
la PAZ que decimos que anhelamos tanto.

Rezamos por ella, sobre hecatombes de muertos,
a Dios mientras ultrajamos la ley moral.
Así, la crueldad engendra su descendencia: la GUERRA.

Obviamente, Gandhi se inspiró en este poema porque concordaba con su visión de que la violencia no se puede contener si matamos animales. Fue vegetariano toda su vida.

Por supuesto, Gandhi no era vegano y consumía leche, productos lácteos y miel. Afirmó: "Soy puritano, pero soy católico con los demás". Creía que "mientras el hombre siga siendo el destructor despiadado de los seres vivos inferiores, nunca conocerá la salud ni la paz. Mientras los hombres masacren a los animales, se matarán entre sí. De hecho, quien siembra la semilla del asesinato y el dolor no puede cosechar alegría y amor".

En otra ocasión, Gandhi afirmó: "Un ser humano no tiene poder para crear vida. Por lo tanto, no tiene derecho a destruir la vida". También afirmó: "Una sociedad puede ser juzgada por la forma en que trata a sus animales". Vió un orden divino en el universo en el que todas las especies tenían derechos y privilegios que se expresaban en esta cita.

A su manera, vio el valor de todos los bienes que proporciona la naturaleza, incluido el valor de la biodiversidad.

Dijo que "Hay un orden en el universo. Hay una ley inalterable que gobierna todo y a cada ser que existe o vive. No es una ley ciega; Ninguna ley ciega puede regir la conducta de los seres vivos". También es esencial entender, a partir del trabajo de la IPBES y de los científicos que trabajan en el campo, que las plantas con flores son polinizadas por insectos y otros animales. De hecho, se ha estimado que la proporción de especies de plantas silvestres polinizadas por animales aumenta de un promedio del 78% en las comunidades de la zona templada al 94% en las comunidades tropicales. Los polinizadores son un grupo diverso que incluye más de 20,000 especies de insectos, muchos otros tipos de insectos (como moscas, mariposas, polillas y escarabajos) e incluso vertebrados como algunas aves y murciélagos. La mayoría de los polinizadores son silvestres, pero algunas especies de abejas pueden ser manejadas, como las abejas melíferas. Nuestra producción de alimentos depende en gran medida de estos polinizadores ya que más del 75% de los principales cultivos alimentarios mundiales se benefician de la polinización.

Algunos de estos cultivos, especialmente frutas y verduras, son fuentes clave de nutrición humana. Los altos rendimientos en la producción intensiva a gran escala de cultivos como manzanas, almendras y semillas oleaginosas dependen de la polinización de los insectos. Pero también lo hacen los cultivos de los pequeños agricultores del mundo en desarrollo, donde las poblaciones saludables de polinizadores silvestres aumentan significativamente los rendimientos. En términos económicos, la polinización aumenta el valor global de la producción agrícola en un rango de entre 235 y 577 mil millones de dólares por año solo para los productores. Esto mantiene bajos los precios para los consumidores al garantizar suministros estables. El cambio de uso de la tierra debido a la agricultura, el riego intensivo y la expansión urbana es uno de los factores clave de la pérdida de polinizadores, especialmente cuando las áreas naturales que proporcionan recursos de reproducción y anidación se degradan o desaparecen. Se ha demostrado que la mejora de la diversidad de hábitats en el paisaje y la inclusión de hábitats no agrícolas en los planes de gestión de la tierra disminuyen la pérdida de polinizadores, aumentan su número y mejoran los servicios ecosistémicos.

Otro factor importante que caracteriza a la sociedad actual en todo el mundo es el hecho de que las disparidades entre las naciones y al interior de ellas está creciendo muy rápidamente. Esto pone de manifiesto la marcada diferencia entre el pequeño número de personas ricas dèl mundo y un gran número de personas que viven en la pobreza absoluta. El informe de Oxfam de 2019, por ejemplo, dice claramente que los multimillonarios del mundo han encontrado los últimos años como un período de auge porque desde la crisis financiera que sacudió nuestro mundo y causó un enorme sufrimiento, las fortunas de los ricos han aumentado drásticamente. En los diez años transcurridos desde la crisis financiera, el número de multimillonarios casi se ha duplicado. Como se dijo anteriormente, la riqueza de los multimillonarios del mundo aumentó en 900 mil millones de dólares solo en el último año (2018), o a un ritmo de 2,500 millones de dólares al día. Mientras tanto, la riqueza de la mitad más pobre de la humanidad, es decir, 3,800 millones de personas, cayó un 11%. Los multimillonarios tienen ahora más riqueza que nunca. Entre 2017 y 2018, se creó un nuevo multimillonario cada dos días, y está riqueza se está concentrando aún más.

El año pasado, 26 personas poseían la misma riqueza que los 3,800 millones de personas que conforman la mitad más pobre de la humanidad, frente a 43 personas un año antes. El hombre más rico del mundo, Jeff Bezos, dueño de Amazon, vio aumentar su fortuna a 112,000 millones de dólares. Solo el 1% de su fortuna equivale a todo el presupuesto de salud de Etiopía, un país de 105 millones de habitantes.

Varias organizaciones han estudiado el estado de los océanos y el grado de contaminación que está destruyendo la mayor parte de la superficie de la Tierra, ya que los océanos constituyen el 70% de la superficie total de la Tierra. Lo más importante es que también contienen el mayor recurso en términos de biodiversidad y el mayor número de especies que probablemente se verían amenazadas y se extinguirían con el nivel de contaminación que la sociedad humana está imponiendo a los océanos. Un efecto importante del cambio climático es el calentamiento de los océanos. De hecho, el Quinto Informe de Evaluación del IPCC estimó que entre 1971 y 2010, el 90% del calor generado como resultado del cambio climático fue absorbido en realidad por los océanos y solo menos del 2% fue retenido en la atmósfera.

También se estima que, durante el período de 1971 a 2010, los océanos se han calentado hasta 70 metros aproximadamente 0.11°C por década. El efecto del calentamiento de los océanos, que ahora alcanza profundidades mucho más bajas, también sería un gran obstáculo para la sociedad humana, ya que en varias áreas donde había ciertos tipos y poblaciones de peces, con el cambio climático, estos se han trasladado de un lugar a otro y es probable que se trasladen aún más para adaptarse a los impactos del cambio climático.

Otro factor importante que está causando graves problemas en los océanos es el problema de la acidificación. Desde el comienzo de la industrialización y hasta el período de 2010, se estima que el 30% del bióxido de carbono producido ha sido absorbido por los océanos. Como resultado de esto, hay un aumento de la acidificación de los océanos que representa un aumento de aproximadamente el 26%. El NRDC (Consejo de Defensa de los Recursos Naturales) estima que no se ha producido un grado de acidificación de este tipo en más de 300 millones de años.

También se estima que, si seguimos como hasta ahora, para finales de siglo los océanos serán un 150% más ácidos que en la actualidad. El resultado de la acidificación no se refiere únicamente al daño a los arrecifes de coral, sino también a la reducción del carbonato de calcio presente en los océanos y que es el ingrediente básico para los huesos y los elementos estructurales de varias especies marinas. Esto podría tener efectos muy perjudiciales para el crecimiento de las especies marinas a lo largo del tiempo. También es obvio que los seres humanos se verían afectados como resultado de la acidificación y el calentamiento, porque hay algunas especies de peces que las personas que viven en las zonas costeras han estado capturando para su propio consumo, y es probable que estos peces se alejen como consecuencia. El Informe especial del IPCC sobre el océano y la criosfera en un clima cambiante nos advierte apropiadamente con los siguientes hallazgos:

Desde aproximadamente 1950, muchas especies marinas de varios grupos han experimentado cambios en el rango geográfico y las actividades estacionales en respuesta al calentamiento de los océanos, el cambio del hielo marino y los cambios biogeoquímicos, como la pérdida de oxígeno, en sus hábitats. Esto ha resultado en cambios en la composición de las especies, la abundancia y la producción de biomasa de los ecosistemas desde el ecuador hasta los polos. Las interacciones alteradas entre las especies han causado impactos en cascada en la estructura y el funcionamiento de los ecosistemas. En algunos ecosistemas marinos, las especies se ven afectadas tanto por los efectos de la pesca como por los cambios climáticos. Los ecosistemas costeros se ven afectados por el calentamiento de los océanos, incluidas las olas de calor marinas intensificadas, la acidificación, la pérdida de oxígeno, la intrusión de salinidad y el aumento del nivel del mar, en combinación con los efectos adversos de las actividades humanas en los océanos y la tierra. Ya se observan impactos en la superficie del hábitat y la biodiversidad, así como en el funcionamiento y los servicios de los ecosistemas.

Uno de los principales efectos de las acciones humanas es la magnitud de la contaminación con plásticos que llegan a todos los rincones del océano. Hoy en día se sabe que, si continuamos con los niveles actuales, en 2050 habrá más plástico que peces en los océanos. También está cada vez más claro que, incluso hasta ahora, casi todas las formas de vida marina han ingerido plástico de una forma u otra, como resultado de lo cual no solo hay problemas de mortalidad de especies marinas, sino también graves problemas, incluidos los relacionados con la salud de los seres humanos que consumen pescado que contiene partículas de plástico en sus cuerpos.

Otro aspecto de la contaminación en los océanos es el ruido. Hay un aumento de la actividad del sonar en los océanos, incluidos los entrenamientos y otros ejercicios realizados por las marinas del mundo. Esto afecta claramente a las especies marinas, que han estado acostumbradas durante miles de millones de años a un nivel de silencio en el océano que tiene efectos directos sobre la vida marina. Otro factor importante que ha aumentado en los últimos años es el alcance de las actividades en alta mar relacionadas con la exploración de recursos de petróleo y gas natural. Con el aumento de la actividad con respecto a la producción de petróleo en alta mar, ha habido un aumento sustancial de la actividad de perforación. Esto puede dar lugar a problemas ambientales muy graves y a derrames de petróleo, como ocurrió en el yacimiento *Deep Water Horizon* del Golfo de México, que provocó grandes derrames de petróleo que se extendieron no sólo al mar sino también a la tierra, y como consecuencia de ello perecieron numerosas especies.

Otro aspecto que es necesario destacar como resultado de las actividades humanas es la extensión del hielo marino disponible en aquellas zonas donde había una cantidad sustancial de hielo antes de que se hicieran evidentes los efectos del cambio climático resultante de las actividades humanas. Un aspecto importante que es motivo de gran preocupación es la extensión del hielo disponible en Groenlandia y las plataformas de hielo de la Antártida. También es evidente ahora que la región del Ártico se está calentando a un ritmo dos veces superior al del resto del planeta, como resultado de lo cual el hielo marino del Ártico está desapareciendo muy rápidamente, y es totalmente posible que, para mediados de siglo, en septiembre de ese año, el hielo marino del Ártico desaparezca por completo, como lo proyecta el Quinto Informe de Evaluación del IPCC. Septiembre, por cierto, es un período en el que, como resultado del calor del verano, el hielo marino del Ártico se derrite a niveles mucho más altos que durante el resto del año. Por lo tanto, sería muy triste que muchas de las especies disponibles en el Ártico hubieran desaparecido en ausencia de una cubierta de hielo en ese océano en particular para el año 2050.

Gandhi apreció la relación entre la religión, el cuidado del medio ambiente y la protección de la tierra. Dijo: "La especie humana tiene que darse cuenta de que el Planeta Tierra con todas sus formas de vida puede existir sin los seres humanos, pero los seres humanos no pueden existir sin la Tierra y su biota. La Tierra es nuestro único hogar".

Suficiente para las necesidades de cada hombre, pero no para la codicia de cada hombre

Gandhi nunca creyó en predicar lo que no practicaba, pero es por esta razón que se identificó en todos los sentidos con las masas sufrientes de la India. Afirmó: "Todo lo que no se puede compartir con las masas es tabú para mí. Mi taparrabos es una evolución orgánica en mi vida. Viene naturalmente sin esfuerzo, sin premeditación... El servicio a los pobres ha sido el deseo de mi corazón y siempre me ha llevado entre los pobres y me ha permitido identificarme con ellos... Trabajaré por una India en la que los más pobres sientan que es su país, en cuya creación tienen una voz efectiva, una India en la que no haya clase alta o clase baja de personas, una India en la que todas las comunidades vivan en armonía".

Hay una historia que ahora es bien conociday ha sido repetida por Pete Reilly. Cuenta sobre una mujer que estaba muy molesta porque su hijo comía demasiada azúcar. A pesar de las exhortaciones y peticiones de ella, él continuó comiendo dulces. Finalmente, decidió ir a ver a su héroe, Mahatma Gandhi. Cuando llegó a donde se encontraba Gandhi, le dijo: "Mi hijo come demasiada azúcar. No es bueno para su salud. ¿Podrías aconsejarle que deje de comerla?" Gandhi escuchó a la mujer y le habló a su hijo, diciéndole que se fuera a casa y volviera en dos semanas. La madre del niño parecía perpleja y se preguntaba por qué no le había pedido al niño que dejara de comer azúcar. Tomó al niño de la mano y se fue a casa, pero regresó dos semanas después.

Gandhi les hizo un gesto para que se acercaran. Miró directamente al niño y le dijo: "Muchacho, deberías dejar de comer azúcar. No es bueno para tu salud". El niño estuvo de acuerdo y prometió que no seguiría con esa debilidad. La madre del niño se volvió hacia Gandhi y le preguntó: "¿Porqué no se lo dijiste hace dos semanas cuando lo traje aquí para que te viera?" Gandhi sonrió y dijo: "Madre, hace dos semanas yo todavía estaba comiendo azúcar". Esta era la integridad y el compromiso del hombre de practicar exactamente lo que predicaba.

La vida personal de Gandhi, si bien era excepcionalmente sostenible, era absolutamente simple, austera, limpia y se basaba completamente en las necesidades. A su manera, obtenía un gran consuelo de sus escasas posesiones mundanas. De esta manera, pudo identificarse con los más pobres del país, y ellos, por lo tanto, se sentían atraídos natural e irresistiblemente hacia él. Como predicaba lo que practicaba, siempre experimentaba en sí mismo antes de compartir sus experiencias con los demás. El Papa Francisco, en su sermón del 1 de septiembre de 2019, destacó el problema del cambio climático y la naturaleza insostenible del desarrollo y los estilos de vida humanos.

"Hemos creado una emergencia climática que amenaza gravemente la naturaleza y la vida, incluida la nuestra", dijo en un mensaje para conmemorar la Jornada Mundial de Oración por el Cuidado de la Creación de este año.

"Este es el momento de reflexionar sobre nuestros estilos de vida y cómo nuestra selecciones diarias en términos de alimentación, consumo, viajes, uso del agua, la energía y muchos otros bienes materiales son a menudo imprudentes y dañinas".

Mahatma Gandhi, que era el emblema de la sencillez y de un estilo de vida que minimizaba la huella humana en la tierra, habría apoyado totalmente el consejo del Papa que decía claramente: "¡Elijamos cambiar, adoptar estilos de vida más sencillos y respetuosos!".

El pontífice criticó la contaminación constante, el uso incesante de combustibles fósiles, el uso agrícola intensivo y la práctica de arrasar los bosques que están elevando las temperaturas globales a niveles peligrosos.

La cuestión fundamental que enfrenta la sociedad humana es si las tendencias y prácticas actuales, además de ser insostenibles, nos dan la plena capacidad de felicidad de la que son capaces los seres humanos. No se puede volver atrás en la época del llamado progreso, pero hoy tenemos tecnologías que pueden reducir claramente nuestras demandas de los recursos naturales de la tierra y de la riqueza de la naturaleza, que es fundamental para la vida no solo de los seres humanos sino también de otras especies. Y nuestros estilos de vida deben reflejar las prioridades para proteger el planeta Tierra. Si Gandhi estuviera presente hoy, sin duda habría pedido que se cambiaran las cosas, asegurando que, en lugar de perseguir la codicia de las cosas materiales, diría, de hecho, "no necesito otra inspiración que la de la Naturaleza. Ella nunca me ha fallado hasta ahora. Me desconcierta, me deja perplejo, me lleva al éxtasis. Además de la obra de Dios, ¿no se desvanece el hombre en la insignificancia? ¿No he contemplado el maravilloso misterio de la bóveda estrellada, sin cansarme casi nunca del gran panorama?"

Si tuviéramos que avanzar rápidamente hacia la aplicación de la filosofía gandhiana y la manera en que podría aplicarse a las condiciones actuales, entonces, claramente, es importante que midamos los elementos del progreso y el bienestar humanos. Es aquí donde en los últimos años se ha hecho un esfuerzo considerable para definir medidas con las que realmente podamos medir el progreso del bienestar humano. Existe un creciente desencanto con la medición del PIB porque se trata de una medida que tiene fallas sustanciales. Algunos economistas distinguidos, en particular Joseph Stiglitz, han estado a la vanguardia del esfuerzo por redefinir el progreso y alejarse de la medición del PIB. Si viéramos un importante informe dirigido por Stiglitz, implementado bajo la presidencia de Nicolas Sarkozy de Francia, entonces nos acercamos un poco a lo que los principios y la filosofía gandhianos definen como el bienestar de la sociedad humana.

El informe Stiglitz tiene una serie de características interesantes que esencialmente analizan las fallas y las deficiencias del PIB, pero también presenta recomendaciones que están esencialmente orientadas al futuro. Stiglitz afirma claramente que los indicadores estadísticos son importantes para diseñar y evaluar políticas destinadas a promover el progreso de la sociedad, así como para evaluar e influir en el funcionamiento de los mercados económicos. También afirma que cada vez más personas consultan las estadísticas para estar mejor informadas para tomar decisiones y responder a la creciente demanda de información. La oferta de estadísticas también ha aumentado considerablemente, cubriendo nuevos dominios y fenómenos. Es bien sabido que lo que se mide se gestiona, y esto se aplica claramente incluso a un sistema económico global. Por lo tanto, si nuestras mediciones son erróneas, las decisiones también estarán distorsionadas y, en el caso de cualquier sociedad, si estas decisiones son erróneas o sesgadas, podrían desviarse sustancialmente de lo que constituye el bienestar humano.

Stiglitz afirma que las opciones entre promover el PIB y proteger el medio ambiente pueden ser falsas una vez que la degradación ambiental se incluya adecuadamente en nuestra medición del desempeño económico. De manera similar, si extraemos inferencias sobre cuáles son las buenas políticas al observar qué políticas han promovido el crecimiento económico, entonces si nuestras métricas de desempeño son erróneas, eso también afectará las inferencias que podemos extraer de esas estadísticas. Es importante llegar a la conclusión de que, durante demasiado tiempo, los indicadores de bienestar social se han desviado de lo que podría constituir el bienestar humano, ya que se basan en el PIB.

Stiglitz menciona que existen preocupaciones aún más amplias sobre la relevancia de estas cifras como medidas del bienestar social. Sugiere que ahora estamos viviendo una de las peores crisis financieras, económicas y sociales en la historia de la posguerra. Cabe señalar que este informe se escribió esencialmente después de la crisis económica de 2008.

Las reformas en la medición recomendadas por la Comisión Stiglitz serían, por lo tanto, muy deseables incluso si no tuviéramos esa crisis. Algunos miembros de la Comisión consideraron que la crisis solo brinda una oportunidad adicional para asegurar la urgencia de estas reformas. En particular, el problema del cambio climático se destaca en el informe, porque se sostiene que los precios de mercado están distorsionados por el hecho de que no se impone ningún cargo sobre las emisiones de carbono y no se tiene en cuenta el costo de estas emisiones en las cuentas de ingresos nacionales estándar. Hay que tener presente que los riesgos y los daños que imponen los impactos del cambio climático están directamente relacionados con las emisiones que se han acumulado con el tiempo y cuyo stock es responsable del cambio climático inducido por el hombre. El informe en sí está destinado a cubrir a diversos actores de la sociedad, ya sean académicos e investigadores o tomadores de decisiones en el gobierno, las empresas y la industria. Sería útil abordar algunas de las cuestiones básicas que se plantearon en el informe Stiglitz.

Una cuestión importante que se destaca es el hecho de que ha llegado el momento de que nuestros sistemas de medición cambien el énfasis de la medición de la producción económica a la medición del bienestar humano. Y sugiere que las medidas de bienestar deberían ponerse en el contexto de la sostenibilidad. En este sentido, la Comisión Stiglitz proporciona un gran número de recomendaciones, que podrían ser la base de los cambios y reformas que deben introducirse en el sistema actual de medición por PIB.

Fue en 1930 cuando Lord Keynes, en su ensayo "Las posibilidades económicas para nuestros nietos", afirmó: "Durante al menos otros cien años debemos fingir ante todo el mundo que lo bello es malo. La avaricia, la usura y la precaución deben ser nuestros dioses durante un poco más de tiempo, pues sólo ellos pueden sacarnos del túnel de la necesidad económica y llevarnos a la luz del día". Obviamente, nunca entendió que, una vez liberado el genio de la botella, volver a meterlo en ella era difícil incluso en diez años, y mucho menos en cien.

La primera recomendación de la Comisión Stiglitz reconoce el hecho de que el PIB es la medida de la actividad económica más utilizada. Existen normas internacionales para su cálculo y se ha reflexionado mucho sobre su base estadística y conceptual. El PIB mide la producción de mercado, expresada en unidades monetarias, y como tal es útil. Sin embargo, según la noción popular se lo ha tratado como si fuera una medida de bienestar económico, lo que claramente no es. Los niveles de vida materiales están más estrechamente asociados con las medidas de ingreso nacional neto, ingreso familiar real y consumo. La producción puede aumentar mientras el ingreso disminuye o viceversa cuando se tienen en cuenta la depreciación, los flujos de ingreso que entran y salen de un país, así como las diferencias entre los precios de los productos y los precios de los bienes de consumo. Por lo tanto, existe una amplia gama de variables que proporcionarían una desviación pronunciada entre el PIB y la producción y las cifras relacionadas con la producción y el bienestar mismo de un hogar o sociedad.

La segunda recomendación hace hincapié en la perspectiva de los hogares. La Comisión Stiglitz afirma que el nivel de vida material de los ciudadanos se sigue mejor a través de medidas de los ingresos y el consumo de los hogares. De hecho, afirma que los datos de cuentas nacionales disponibles muestran que, en varios países de la OCDE, el ingreso real de los hogares ha crecido de manera bastante diferente del PIB real per cápita y, por lo general, a una tasa menor. La perspectiva de los hogares implica tener en cuenta los pagos entre sectores, como los impuestos que van al gobierno, los beneficios sociales que recibe el gobierno y los pagos de intereses sobre los préstamos de los hogares, que van a las corporaciones financieras.

La tercera recomendación sugiere que debemos considerar los ingresos y el consumo junto con la riqueza. Un hogar que gasta su riqueza en bienes de consumo aumenta su bienestar actual, pero a expensas de su bienestar futuro. Las consecuencias de tal comportamiento se reflejarán en el balance del hogar, y lo mismo se aplica a otros sectores de la economía y a la economía en su conjunto.

La cuarta recomendación destaca la importancia que se le debe dar a la distribución de los ingresos, el consumo y la riqueza. En este punto es donde la Comisión Stiglitzse acerca mucho al pensamiento y la filosofía de Gandhi. Gandhi creía que la distribución de los ingresos es un medio vital para medir el bienestar de cualquier sociedad. También creía que el consumo y la riqueza son parte integral del bienestar humano en el contexto de la distribución de los ingresos. Otra recomendación de la Comisión es que ampliemos las medidas de los ingresos para incluir actividades no comerciales. Este es un tema que también le interesaba mucho a Gandhi, principalmente porque se dio cuenta de que la India en esa época era en gran medida una economía rural y que varias tareas que se realizaban en el hogar no estaban orientadas esencialmente a las actividades de mercado. Por lo tanto, minimizar la importante contribución que realizan los miembros de un hogar, en particular las mujeres, claramente las privaría de los beneficios que la producción en el hogar realmente proporciona. Stiglitz menciona que, si bien la exclusión de las mediciones oficiales refleja la incertidumbre sobre los datos más que las dificultades conceptuales, de todas maneras se ha avanzado en este ámbito. Sin embargo, es necesario hacer mucho más. Por ejemplo, encontramos que en algunas sociedades se tienen en cuenta los ingresos del hogar y se les proporciona un valor de mercado que reduce claramente la disparidad entre la contabilidad formal de los ingresos y la que se basa en los hogares. Si todo el trabajo de cuidados no remunerado que realizan las mujeres en todo el mundo lo llevara a cabo una sola empresa, tendría una facturación anual de 10 billones de dólares, que es entre 27 y 43 veces la de la compañía Apple.

Stiglitz consideró que el bienestar es algo que no se puede medir con una sola estadística. Después de todo, es una función de los niveles materiales de vida, es decir, los ingresos, el consumo y la riqueza. También es una función de la salud, la educación y las actividades personales, incluido el trabajo, la libertad de acción y los derechos humanos, que están vinculados con la voz política y la gobernanza. Las conexiones y relaciones sociales, el medio ambiente (condiciones presentes y futuras) y la inseguridad de naturaleza económica y física definen claramente el bienestar de cualquier sociedad.

Una recomendación importante está relacionada con las dimensiones objetivas y subjetivas del bienestar, que son extremadamente importantes. Lo que se afirma es que el bienestar humano y el valor mismo de nuestros estilos de vida y de nuestra vida dependen de dimensiones objetivas y subjetivas. La recomendación es que se tomen medidas para mejorar las mediciones de la salud, la educación, las actividades personales y las condiciones ambientales de las personas. Otra recomendación importante es que los indicadores de calidad de vida en todas las dimensiones cubiertas deben evaluar las desigualdades de manera integral. En otras palabras, la mayoría de las dimensiones de la calidad de vida requieren medidas separadas de la desigualdad, pero teniendo en cuenta los vínculos y las correlaciones, estas deben evaluarse adecuadamente. Otra recomendación es que las encuestas se diseñen para evaluar los vínculos entre los diversos dominios de la calidad de vida de cada persona y que esta información se utilice al diseñar políticas en diferentes campos. También se sugirió que las oficinas de estadística proporcionen la información necesaria para agregarlas dimensiones de la calidad de vida. En otras palabras, debe haber una cantidad significativa de investigación empírica basada en toda la información que poseen los funcionarios de estadística y, si se pone a disposición, esto nos permite varias interpretaciones de la calidad de vida. La siguiente recomendación es asegurarse de que los responsables y los que poseen información estadística proporcionen medidastanto del bienestar objetivo como del subjetivo.

Una recomendación sumamente importante es que la evaluación de la sostenibilidad requiere un cuadro de indicadores bien identificado, como sugiere el informe de la Comisión. Se recomienda que estos componentes del cuadro de indicadores sean interpretables como variaciones de algunas poblaciones subyacentes. Un índice monetario de sostenibilidad tiene su lugar en un cuadro de indicadores de este tipo, pero en el estado actual de la técnica, debería seguir centrándose esencialmente en los aspectos económicos de la sostenibilidad. Esta recomendación es algo que podría cuestionarse porque, claramente, si hay una pérdida de biodiversidad que afecta directamente a la sostenibilidad en su forma más tangible, no puede interpretarse en términos de valor económico o monetario. Por lo tanto, tal vez sea necesario modificar y refinar esta recomendación para que se realicen másevaluaciones basadas en valores. Los aspectos ambientales de la sostenibilidad merecen un seguimiento separado basado en un conjunto bien elegido de indicadores físicos. En particular, es necesario un indicador claro de nuestra proximidad a niveles peligrosos de daño ambiental, a lo que se ha hecho referencia en el contexto del cambio climático o el agotamiento de las poblaciones de peces. En cierto sentido, esta recomendación difiere de la recomendación anterior que enfatiza los valores económicos o monetarios.

En un artículo más reciente, Stiglitz se refirió al hecho de que "Estados Unidos tiene un problema de monopolio, y es enorme". Ahora existe una preocupación generalizada por los impactos desiguales del capitalismo, esencialmente porque la persona promedio en la calle se está volviendo cada vez más impotente y son las grandes corporaciones y el poder monopolista los que dominan cada vez más nuestras vidas. Stiglitz afirma que "hay muchode qué preocuparse en Estados Unidos hoy: una creciente división política y económica, una desaceleración del crecimiento, una disminución de la esperanza de vida y una epidemia de enfermedades de la desesperación". El autor siente que ya no parecemos controlar nuestros propios destinos. Menciona que, por cierto, hace más de un siglo, Estados Unidos estaba, en algunos aspectos, en una coyuntura similar. Sin embargo, Estados Unidos aprobó la Ley Antimonopolio Sherman en 1890. Sin embargo, parece que, en la década siguiente, la lucha contra los monopolios fue asumida por un ejército de economistas y abogados.

El resultado general de esta y otras tendencias es que ha habido un aumento del poder de mercado y la concentración de unas pocas empresas en diversas industrias, lo que ha llevado a un aumento de los precios en relación con los costos. Esto, por supuesto, reduce el nivel de vida de manera muy similar a la reducción de los salarios de los trabajadores. Stiglitz cree que el aumento del poder de mercado puede ayudar a ampliar la desaceleración del crecimiento de la producción, la lentitud de la economía y el crecimiento de la desigualdad.

Esto está sucediendo a pesar del hecho de que Estados Unidos es hoy, con mucho, la economía más innovadora, mucho más allá de lo que existía antes. El resultado es que hoy tenemos dos conjuntos opuestos de realizaciones en la sociedad, que tal vez estén alcanzando proporciones peligrosas. Están los que están influenciados y son beneficiarios directos del poder monopolista y sus tentáculos se extienden ampliamente a través de la sociedad humana. Por otro lado, tenemos una gran cantidad de las masas que se sienten privadas e impotentes para cambiar el sistema de gobierno, a pesar de que nos damos cuenta de que los ricos se están haciendo cada vez más ricos y la disparidad entre los privilegiados y el ciudadano medio está aumentando rápidamente. El liderazgo del sistema político parece incapaz de superar la brecha, en particular porque la mayoría de los líderes de hoy en día se ven rápidamente en deuda con los dueños del poder monopólico. Stiglitz se refiere a John Kenneth Galbraith y su análisis realizado a mediados del siglo pasado, describiendo el sistema económico de los EE.UU. como "una economía basada en el dominio de las grandes corporaciones e instituciones financieras".

En cierto sentido, creo que nos estamos acercando a una etapa en la que creo que se producirá lo que Gandhi había predicho: "llegará un momento en que quienes hoy están en la loca carrera por multiplicar sus deseos, volverán sobre sus pasos y dirán: ¿qué hemos hecho?... La civilización moderna es tal que sólo hay que tener paciencia y se autodestruirá".

En cierta medida, las voces que cuestionan el sistema económico actual y la insostenibilidad de todas las actividades humanas son tal vez el comienzo de lo que Gandhi había predicho. Si miramos a nuestro alrededor hoy, vemos hordas de jóvenes que cuestionan la incapacidad de los líderes y los adultos en general para abordar el creciente desafío del cambio climático. Es evidente que los jóvenes, que hoy están muy bien informados sobre los avances científicos, sobre la evaluación científica del cambio climático, comprenden plenamente que su futuro se verá afectado esencialmente por los crecientes riesgos derivados de los impactos de tal cambio climático. Al mismo tiempo, si analizamos la cuestión del poder monopolista, como señaló Stiglitz y que

Galbraith evaluó y advirtió claramente a mediados del siglo pasado, se da más peso a la predicción de Gandhi sobre su opinión de que Occidente tendrá que "volver sobre sus pasos y decir: ¿qué hemos hecho?".

Tal vez sea apropiado examinar lo que Galbraith dijo en su importantísimo libro "La sociedad opulenta", publicado en 1958. Recientemente, The Guardian publicó un artículo en el que incluyó el libro de Galbraith como uno de los cien mejores libros de no ficción de todos los tiempos. Al referirse a "La sociedad opulenta", el artículo llama la atención sobre la primera línea de apertura, que dice "la riqueza no carece de ventajas". A continuación, pasa a lanzar un ataque contra algunos de los mitos económicos más preciados de los Estados Unidos. También se destaca el hecho de que el trabajo provocador, humano y entretenido que Galbrait había llevado a cabo moldeó la mentalidad estadounidense desde los años 1950 y 1960 hasta la caída del Muro de Berlín. Sin embargo, lo que se ha observado en las últimas décadas es una intensificación del poder de las corporaciones y los individuos que han concentrado la riqueza de cada sociedad en sus propias manos, lo que ciertamente va en contra de la visión fundamental que tenía Gandhi de que los dueños del capital interpretaban su responsabilidad como la de los administradores en nombre de la sociedad en su conjunto. Galbraith dijo muy acertadamente que "el estudio del dinero, por encima de todos los demás campos de la economía, es aquel en el que la complejidad se utiliza para disfrazar la verdad o para evadir la verdad, no para revelarla".

Aparentemente, quienes disfrutan de los privilegios de una sociedad opulenta han intentado crear una especie de cortina de humo mediante la cual proyectan el hecho de que la sociedad humana y su bienestar están en realidad mejorando, incluso mientras vemos los efectos perversos de las disparidades creciendo a un ritmo alarmante, como se mencionó anteriormente. Galbraith afirma que "a medida que una sociedad se vuelve cada vez más rica, los deseos se crean cada vez más mediante el proceso por el cual se satisfacen". Es interesante observar que hoy en día, el gasto en publicidad en todo el mundo ha alcanzado proporciones que no se habrían previsto, tal vez incluso hace 20 años. Lo que se muestra a continuación es el aumento del gasto en publicidad a nivel mundial. En la figura se muestra su aumento a lo largo del tiempo, y no se requieren grandes conocimientos para descubrir que los gastos en publicidad solo aumentan nuestros deseos, como lo destaca Galbraith en su declaración.

Figura 2
Gasto publicitario global de 2010 a 2019
(en miles de millones de dólares estadounidenses)

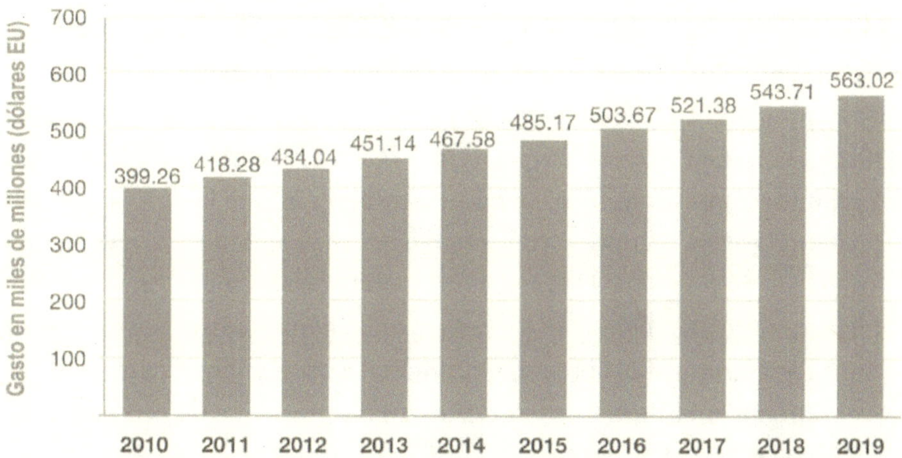

Esto concuerda claramente con lo que dijo Gandhi sobre "la locura actual de multiplicar sus deseos" al referirse al sistema económico de Occidente. En un artículo publicado en 2017 por el hijo de John Galbraith, el profesor James Galbraith, que es un economista distinguido por derecho propio, señaló claramente la república corporativa en la que vivimos. James Galbraith se refiere esencialmente al hecho de que, en cierto sentido, nos estamos alejando de lo que esencialmente es la interpretación de la economía basada en los mercados. Lo que concluye Galbraith es que la economía de las organizaciones se opone a la economía de los mercados. Esto quedó muy claro en la publicación de Galbraith padre de 1967, titulada "El nuevo estado industrial". Este libro se publicó casi una década después del enorme éxito de

"La sociedad opulenta", y para entonces Galbraith padre había observado una tendencia que, en todo caso, se ha intensificado en los últimos años.

Galbraith básicamente afirmó desde el principio que la secuencia aceptada en el comportamiento económico rara vez viene acompañada de preferencias del consumidor, que son la primera parte de la secuencia. Según él, las empresas generalmente presentan sus productos a un público exigente y atienden la soberanía del consumidor. Luego venden lo que pueden, descuentan el resto y luego pagan para estudiar cómo se podría hacer mejor la próxima vez.

La hipótesis subyacente es que la soberanía del consumidor y sus preferencias son la razón dominante por la que las empresas producen y proporcionan bienes y servicios en un sistema económico. Galbraith añade que, en su opinión, la secuencia revisada que ha observado a lo largo del tiempo lleva a las grandes empresas a empezar a diseñar y luego a crear la tecnología de la nueva producción. A continuación, ven lo que es posible y realizan estudios de mercado en función de los cuales deciden lo que les gusta. Después, por supuesto, contratan personal de publicidad y financiación al consumo para garantizar que se pueda obtener el resultado. Esto significa claramente que son los productores de bienes y servicios los que impulsan las actividades de un sistema económico.

También se sostiene que las grandes empresas suelen sustituir por completo al mercado. Lo hacen mediante la integración: sustituyendo la actividad que antes estaba mediada por la compra y venta abiertas por una actividad interna a la corporación o entre una gran empresa estable y sus pequeños proveedores especializados a los que se transfiere el riesgo. Esta interpretación concuerda con todo el problema del PIB que, como bien ha mencionado Stiglitz, está impulsado por la producción, ya que no necesariamente entra en otros aspectos del bienestar económico. Dado que el PIB se ha convertido, en cierto sentido, en una especie de religión entre los que toman las decisiones y quienes estudian e informan sobre la actividad económica, son los proveedores de bienes y servicios quienes reciben un alto nivel de respeto por parte de quienes consideran que el PIB es el indicador definitivo para evaluar la actividad económica. Es interesante hacer referencia a lo que Lord Keynes afirmó en 1930 en su ensayo titulado "Posibilidades económicas para nuestros nietos", citado anteriormente, parte del cual ensalzaba lo que Gandhi consideraba despreciable, a saber, "La avaricia, la usura y la precaución deben ser nuestros dioses por un poco más de tiempo".

Tal vez ni siquiera Lord Keynes se dio cuenta de la intensidad con la que los dioses a los que se refiere multiplicarían nuestras necesidades y crearían disparidades, así como un sistema que depende completamente de una producción que se desvía del bienestar humano en su sentido normal. Está por verse si, para 1930, Lord Keynes y su defensa de dejar que Dios siga existiendo un poco más, tal vez al menos otros 100 años, como mencionó, conducirán realmente a un colapso y a una reducción de la dependencia del PIB. Al ritmo al que avanzan las preocupaciones y el profundo deseo de alterar el sistema actual, es posible que para cuando lleguemos a 2030 tengamos un conjunto muy diferente de indicadores económicos que suplanten y reemplacen al PIB como el dios supremo.

El propio Gandhi sentía una profunda fascinación por todo lo relacionado con la naturaleza. Se le ha citado diciendo: "No necesito otra inspiración que la de la naturaleza. Ella nunca me ha fallado hasta ahora. Me desconcierta, me deja perplejo, me lleva al éxtasis. Además de la obra de Dios, ¿no se desvanece el hombre en la insignificancia? Cuando admiro las maravillas de una puesta de sol o la belleza de la luna, mi alma se expande en la adoración del creador".

También de una manera muy profunda, aunque sutil, advirtió contra el saqueo o la destrucción de los bienes naturales, y afirmó: "Podemos utilizar los dones de la naturaleza como queramos, pero en sus libros, los débitos son siempre iguales a los créditos". Es de esperar que para 2030, si no antes, podamos tener un conjunto de indicadores que encarnen esencialmente el deseo más básico de los seres humanos de poder alcanzar la felicidad y poder disfrutar de lo esencial de lo que constituye la realización espiritual y mental.

En esencia, por lo tanto, sería muy importante para nosotros centrarnos e identificar el deseo de relaciones humanas, ya sean amigos, familia o la sociedad en general, así como poder tener acceso a los dones de la naturaleza que, lamentablemente, con el crecimiento de la existencia urbanizada, se ha visto completamente eclipsado por nuestro deseo de productos y bienes que forman parte del sistema que mide el PIB.

****

Capital humano y desigualdad

por

Dra. Rashmi Pachauri Rajan

Gandhiji dijo: "Una sociedad tecnológica tiene dos opciones. Primero, puede esperar hasta que los fallos catastróficos expongan las deficiencias sistémicas, la distorsión y el autoengaño. Segundo, una cultura puede proporcionar controles y contrapesos sociales para corregir la distorsión sistémica antes de que se produzcan fallos catastróficos".

Ananya, la hija, ¡la Lakshmi de la casa! Era brillante, hermosa e inteligente. Sacaba las notas más altas de su clase, era una estudiante brillante, alguien que todos creían que iba a ser la gloria suprema de su escuela, que iba a tener su nombre en letras negritas donde quiera que fuera y hiciera lo que hiciera. Y fue su padre quien le enseñó a ser la mejor, a hacer lo mejor, a saber, que la vida era un éxito o un fracaso: ¡el 100% era éxito pero el 99% ya era fracaso! Y ese era su mantra. Quería convertirse en médico. Había sido su pasión desde que tenía memoria. No veía la hora de aprobar la escuela y entrar en la facultad de medicina para luego especializarse en cardiología. El único problem aera que su padre le había dejado muy claro que solo se le permitiría hacerlo si sus calificaciones en los exámenes de ingreso eran lo suficientemente altas como para ser elegible para presentarse a los exámenes de ingreso a la carrera de medicina. De lo contrario, seguiría la antigua tradición de ingresar en una escuela de arte, graduarse y luego casarse. ¡Ah, por supuesto, podría seguir una "carrera" como maestra o algo por el estilo... si sus futuros suegros y esposo se lo permitían!

Ananya era una de dos hijos, su hermano mayor era el otro. Dhruv era el niño de los ojos de su padre, el que no podía hacer nada malo –incluso si sus notas no se acercaban ni por asomo a las de su hermana, incluso si a menudo se metía en problemas debido a su comportamiento en la escuela o en el vecindario ("¡es un niño, y después de todo, los chicos son chicos!")– porque era el hijo de la familia, el que llevaría adelante el "kul"! Su futuro estaba asegurado. Se haría cargo del negocio familiar, un próspero negocio de joyería, famoso en su ciudad, e incluso en cierta medida en el país. A Dhruv no le importó, ya que, en cualquier caso, no tenía grandes ambiciones profesionales y eso le permitiría seguir sus caprichos, ya que el negocio, a esas alturas, funcionaba más o menos por sí solo.

Y así llegaron los exámenes y Ananya se quedó trabajando hasta altas horas de la noche, estudiando y aprobándolos con esfuerzo. En general, sintió que le había ido bien: tuvo un pequeño fallo en uno de los exámenes, pero nada para preocuparse demasiado. Un mes después se anunciaron los resultados. Ananya se paró frente al tablón de anuncios adyacente a la oficina del director, junto con una ruidosa multitud de sus compañeros de clase. Escudriñó los nombres que encabezaban la lista, segura de que el suyo sería el primero. Adhaar, Manav, Seema... ¿dónde estaba su nombre? Ah, ahí estaba... Ananya... ¡95%!... no un 100%, ni siquiera un 99%... ¡95%! Se dio la vuelta y huyó. Mientras corría hasta su casa, sabía con certeza que nunca podría ingresar a ninguna de las facultades de medicina reconocidas. ¡No con un mero 95%, no cuando sabía que incluso a las personas con un 98% les resultaba difícil ingresar! ¡Todo se había acabado para ella!

"*Conviértete en médica. Ganarás mucho dinero. Serás respetada y adorada... una diosa con bata blanca... ¡lo lograrás!*" "*Puedes abrir una consulta privada... asegúrate de tener como pacientes a la flor y nata de la ciudad*".
"*Y entonces encontraremos un chico digno de ti... de una familia rica que nunca tendría el coraje de pedir la dote que de otra manera exigirían*".

"¡Serás su posesión más preciada! ¡El bahu que es uno entre un millón!".

Ella había escuchado esta tontería, sabiendo en lo profundo de su corazón que solo tenía que escuchar, sonreír y soportarlo por el momento. Porque siempre había sabido lo que realmente quería: convertirse en una cardióloga reconocida, respetada y honorable que salvaría vidas, investigaría y lograría avances, y que seguiría su corazón, independientemente de las motivaciones que los demás tuvieran para ella.

Pero ahora se había terminado, ¡realmente se había terminado! No había obtenido el 100%, algo que es tan importante en la vida de los estudiantes de hoy. Es tan importante que un niño estudie de memoria, sepa cada palabra de cada página, complazca al maestro, que es el que puede hacer o deshacer su vida. Es tan importante que el estudiante conozca el "método" de responder los exámenes... no necesariamente el tema o el contenido... sino saber "cómo" responder las preguntas. Y en algún punto de ese proceso tan importante, Ananya había fracasado: ¡había fracasado con un 95%! ¡Y así había fracasado en la vida!

No había obtenido las notas requeridas que le asegurarían el ingreso a una buena escuela de medicina. Y aunque Ananya tenía la pasión, la dedicación y la perseverancia, y con el tiempo habría adquirido las habilidades necesarias, dentro de este sistema educativo predominante, había otros que carecían de todo esto pero que conseguirían las plazas limitadas disponibles y luego se convertirían en médicos, buenos, malos o indiferentes.

Lo que no se dio cuenta es que no era ELLA la que había fracasado, ¡era el sistema el que le había fallado a ELLA! El sistema que se suponía que se centraría en su desarrollo integral, en el desarrollo de ella como persona, un buen ser humano dotado de "auto-reverencia, auto-conocimiento y auto-control, con énfasis en el deber, el bienestar y el conocimiento moral, social, psicológico y político". Este sistema le había fallado miserablemente. No había leído las opiniones de Mahatma Gandhi sobre la educación. No sabía que él creía firmemente que "la verdadera dificultad es que la gente no tiene idea de lo que realmente es la educación. "Evaluamos el valor de la educación de la misma manera que evaluamos el valor de la tierra o de las acciones en la bolsa de valores. Queremos proporcionar sólo la educación que permita al estudiante ganar más. Apenas pensamos en mejorar el carácter de los educados. Las niñas, decimos, no tienen que ganar dinero, así que ¿por qué deberían ser educadas? Mientras persistan estas ideas, no hay esperanza de que alguna vez conozcamos el verdadero valor de la educación". (M. K. Gandhi True Education en el sitio del Consejo Nacional para la Educación del Profesorado).

Y todos los "consejos" que había recibido durante toda su vida con respecto al "valor" de su título de médico se basaban en este sistema educativo, que estaba orientado a ganar dinero, no a obtener una educación. Todo esto sucedió en este universo, con el sistema educativo actual en el que: calificaciones = alfabetización (no necesariamente educación) = dinero/éxito.

Pero vayamos a un universo paralelo. Traslademonos a un universo que adoptó la filosofía de la educación de Gandhi. Gandhi era partidario de un sistema educativo que hiciera mucho más hincapié en el aprendizaje de habilidades para el trabajo práctico y útil, que incluyera estudios físicos, mentales y espirituales. El aspecto fundamental de la propuesta de Gandhi en materia de educación era la introducción de artesanías productivas en el currículo escolar. Creía que el conocimiento de los procesos de producción implicados en las artesanías, como el hilado, el tejido, la marroquinería, la alfarería, la metalistería, la cestería y la encuadernación, siempre había sido monopolio de grupos de castas específicas en el estrato más bajo de la jerarquía social tradicional. Muchos de los que pertenecían a estas castas entraban en la categoría de los "intocables". El sistema educativo colonial introducido más tarde hizo hincapié en habilidades como la alfabetización y la adquisición de conocimientos sobre los que las castas superiores tenían el monopolio.

Las ideas básicas de Gandhi sobre la educación, por tanto, encarnaban su percepción de una sociedad ideal formada por comunidades pequeñas y autosuficientes, en la que el ciudadano ideal sería un individuo trabajador, respetuoso de sí mismo y generoso que viviera en una pequeña comunidad cooperativa. Gandhi llamó a sus ideas "*Nai Talim*" (que se traduce literalmente como "nueva educación"). Creía que el estilo occidental de educación degradaba y destruía las culturas indígenas. Creía que un modelo de educación básica diferente conduciría a una mejor conciencia de sí mismo, animaría a la gente a tratar todos los trabajos como igualmente respetables y valiosos, y conduciría a una sociedad con menos enfermedades sociales. Dijo: "Por educación me refiero a un aprovechamiento integral de lo mejor del niño y del hombre: cuerpo, mente y espíritu. La alfabetización no es el fin de la educación, ni siquiera el principio. Es uno de los medios por los que se puede educar a los hombres y a las mujeres. La alfabetización en sí misma no es educación". Propuso un sistema educativo que apuntara a educar a la persona en su totalidad y no sólo hacia ciertos aspectos de ésta.

Para Gandhi, la educación era, en sí misma, una actividad altamente moral. Esto reflejaba el objetivo último de la educación en el antiguo sistema educativo indio, que era el desarrollo integral de los estudiantes.

Gandhi explicó que el objetivo de la educación no es sólo formar personas buenas, sino también personas que comprendan sus responsabilidades. Esto, de nuevo, está estrechamente relacionado con el concepto hindú de varnashrama dharma (la responsabilidad de una persona con respecto a la clase (varna) y la etapa de la vida (ashrama). Cuando uno comprende sus responsabilidades, esto conduce al espíritu de conciencia social y mentalidad social (www.mkgandhi.org/articles/g_edu.htm).

La filosofía de Gandhi sobre la educación se reflejó fuertemente en la recomendación de la Comisión Kothari (1964-66) de que la experiencia laboral en la educación escolar fuera parte integral del plan de estudios. El informe observó que "en nuestro país, Mahatma Gandhi lanzó un experimento revolucionario en forma de educación básica. El concepto de experiencia laboral es esencialmente similar. Describía su pensamiento educativo en términos de una sociedad lanzada en el camino hacia la industrialización." (https://archive.org/stream/ReportOfTheEducationCommission1964-66D.S.KothariReport/48.Jp-ReportOfTheEducationCommission1964-66d.s.kothari_djvu.txt)

Así pues, en esencia, para Mohandas Karamchand Gandhi, el conocimiento de Dios y la unidad con Él, la autorrealización y la espiritualidad eran el objetivo último de la educación. Él creía que esto liberaría el cuerpo, la mente y el alma, lo que significaba la liberación de la esclavitud económica, social y política. Él dijo: "La verdadera educación no debe dar como resultado el poder material, sino la fuerza espiritual".

Así pues, en este universo paralelo, incluso con un 95%, el sistema educativo y su proceso natural le darían a Ananya la oportunidad de tomar un examen de ingreso a la carrera de medicina. Le permitiría expresar su pasión y aptitud para esta carrera y mostrar su deseo de aprender, y así asegurar su admisión en una buena escuela de medicina. Se convertiría en una cardióloga exitosa, y su éxito se mediría en este universo por su dedicación, sinceridad y honor al trabajar para mejorar y salvar vidas, devolver y contribuir a la sociedad, y aumentar espiritualmente su alma hasta alcanzar la liberación y el Nirvana. En este mundo, Ananya utilizaría su pasión y sus habilidades para integrar las ventajas que ofrece la tecnología de rápido desarrollo de hoy (que es casi imposible de ignorar o evitar), con los principios de la filosofía educativa de Gandhiji para ayudar a los más pobres y débiles de la sociedad a mejorar su salud y bienestar general, lo que, a largo plazo, impulsaría y alentaría el desarrollo de comunidades de base para lograr la autosuficiencia y la autonomía de manera más amplia.

¡Ananya, en este universo, sería un éxito! Ella sería "el cambio que quería ver en este mundo".

No hay otra inspiración que la de la naturaleza

Paul Bloom, un psicólogo muy distinguido de la Universidad de Yale que ha explorado y estudiado los fundamentos de la felicidad humana, tiene toda la razón cuando dice: "Hay algo primordial en nuestra necesidad de naturaleza: de tiempo al aire libre, de sol, de aire fresco". Paul Bloom escribe que nuestra hambre de naturaleza está en todas partes y que a la gente le gusta estar cerca de océanos, montañas y árboles. Afirma que, en el entorno más urbano, esta necesidad primordial se refleja en los precios de los bienes raíces. Por ejemplo, si quieres ver los árboles de Central Park en Nueva York, te costará dinero. Del mismo modo, los edificios de oficinas en las áreas urbanas tienen atrios y plantas en el interior. También damos flores a los enfermos y a los seres queridos y volvemos a casa para ver Animal Planet y Discovery Channel. Considera que muchos de nosotros buscamos escapar de nuestro entorno fabricado siempre que podemos. Por eso disfrutamos del senderismo, la acampada, los viajes en canoa o, incluso, la caza.

Paul Bloom menciona que, tras la publicación de un estudio que decía que los adolescentes pasan hasta 7.5 horas al día en dispositivos digitales, lo que supone una hora más que el año anterior, se preguntó si lo que está sucediendo con nuestras relaciones individuales con el mundo natural es resultado de la tecnología. Considera que nos preocupamos por la naturaleza esencialmente por nuestro propio bien, porque resulta que nos hace felices o saludables. Considera que pocas personas necesitarían ser convencidas de que la destrucción de las selvas tropicales, la extinción masiva de especies y el derretimiento de la capa de hielo en Groenlandia serían cosas muy malas. Luego pregunta si deberíamos enumerar las razones y él cree que deberíamos hacerlo. Lamenta el hecho de que nuestra especie ya se haya despedido de la naturaleza y algunos piensan que estamos mejor por ello. Como resultado, la tecnología ha llegado a ser más diversa que la biosfera. Hace referencia a Karl Marx, quien observó en 1867 que había 500 tipos de martillos fabricados en Birmingham, Inglaterra. En 1988, Donald Norman, un científico cognitivo de la Universidad de California en San Diego,sugirió que el estadounidense promedio encuentra 20,000 tipos diferentes de artefactos en la vida cotidiana. Esto, por supuesto, es sustancialmente más que el número de animales y plantas que podemos distinguir y ahora mismo hay alrededor de 1.5 millones de especies identificadas en la Tierra. Esto, por supuesto, puede parecer impresionante, pero no es nada comparado con los más de 7 millones de patentes de Estados Unidos.

Paul Bloom cree que nuestro anhelo por lo natural está en todas partes. Se refleja en el arte, pero el atractivo de la naturaleza también se refleja en el lugar donde más queremos vivir. Cree que a la gente le gusta vivircerca de océanos, montañas y árboles, e incluso en el entorno más urbano se encuentra gente que tiene preferencia por los bienes raíces que están cerca de alguna forma de naturaleza. En general, por lo tanto, la preservación del mundo natural debería ser importante para nosotros. La pregunta es cuán importante. Paul Bloom se refiere al psicólogo Philip Tetlock y señala que muchas personas hablan del medio ambiente como un valor sagrado, protegido de compensaciones utilitarias. Cuando el Exxon Valdez derramó casi 11 millones de galones de petróleo crudo, el 80% de los encuestados en una encuesta supuestamente dijo que deberíamos buscar una mayor protección ambiental sin importar el costo.

Si nos referimos a algunas prácticas antiguas, por ejemplo, como los bosques sagrados, que prevalecieron y aún prevalecen en cierta medida en partes de la India, la gente renunciaa mucho para renunciar a los beneficios de los bosquesy la producción de bosques menores, solo porque considera que ciertos bosques son sagrados. Estos no se deben tocar y, por lo tanto, implican claramente un costo de oportunidad que la comunidad está dispuesta a asumir y, por lo tanto, prefieren obtener los placeresy los beneficios de los bosques vírgenes acotados en estos bosques sagrados. El hecho de que la vida urbana, que está creciendo rápidamente, limita claramente nuestro acceso a la naturaleza, incluso si podemos estar cerca de Central Park o podemos tener un atrio ubicado en las oficinas urbanas donde trabajamos. Por lo tanto, tal vez tendría mucho sentido pensar en términos de alejarnos de una existencia urbanizada y tal vez pensar en términos de regresar a lugares rurales. Esto también nos permitiría cuidar la belleza natural que nos rodea y tal vez plantar árboles y cuidarlos a medida que crecen, asegurándonos así de que mejoran y afinan la existencia humana de una manera que ha existido durante todo el período en que los seres humanos han habitado esta tierra.

La revista *Greater Good* ha publicado un artículo con el título "Cómo la naturaleza puede hacerte más amable, más feliz y más creativo", escrito por Jill Suttie. La autora cree que hacer senderismo en la naturaleza tiene muchos beneficios psicológicos, aunque no tenía mucha ciencia que respaldara esta creencia. Sin embargo, parece que los científicos están empezando a encontrar pruebas de que estar en la naturaleza tiene un profundo impacto en el cerebro y el comportamiento de las personas, ayudándolas a reducir la ansiedad, la melancolía y el estrés, y a aumentar su capacidad de atención, creatividad y capacidad de conectar con otras personas. Un investigador de la Universidad de Utah también ha mencionado que las investigaciones están empezando a ver cambios en el cerebro y en el cuerpo que sugieren que estamos física y mentalmente más sanos cuando interactuamos con la naturaleza. Sin embargo, por desgracia, la mayoría de las personas en la actualidad, y sin duda las que viven en zonas urbanas, pasan cada vez más tiempo en espacios interiores y conectados a Internet, lo que es particularmente cierto en el caso de los niños. Y si las afirmaciones de los científicos son válidas, es necesario preservar el espacio natural incluidos los de las zonas urbanas y, por supuesto, los de la naturaleza. Cuando le preguntaron a Gandhi qué pensaba sobre la vida silvestre, su respuesta fue: "La vida silvestre está disminuyendo en las selvas, pero está aumentando en los pueblos".

La autora del artículo de la revista *Greater Good Magazine* destaca varios beneficios de estar en contacto con la naturaleza.

El primero se relaciona con el hallazgo de que estar en contacto con la naturaleza reduce el estrés. En él se cita un reciente experimento de investigación realizado en Japón en el que se midió la variabilidad de la frecuencia cardíaca, la frecuencia cardíaca y la presión arterial de todos los participantes a los que se les pidió que caminaran por un bosque en lugar de por un centro urbano. También se pidió a los participantes que rellenaran un cuestionario sobre su estado de ánimo, niveles de estrés y otros indicadores psicológicos. El resultado mostró claramente que quienes caminaron por el bosque tuvieron un efecto beneficioso en la reducción del estrés, mucho más allá del que habría producido el ejercicio solo. Otros estudios realizados también en Finlandia y en la Universidad Texas A&M y muchos otros, proporcionan pruebas abrumadoras de que estar en espacios naturales, o incluso simplemente mirar por una ventana un paisaje natural, de alguna manera nos tranquiliza y alivia el estrés.

Otro gran beneficio de estar cerca de la naturaleza es que te hace más feliz y menos melancólico. En un estudio realizado en la Universidad de Stanford en 2015, los resultados mostraron que quienes caminaban por el bosque experimentaban menos ansiedad, rumia mental y efectos negativos, así como más emociones positivas en comparación con los caminantes urbanos. También pudieron mejorar su desempeño en tareas de memoria. En otro estudio, los mismos investigadores pudieron centrarse en cómo caminar en la naturaleza afecta la rumia mental, que se ha asociado con la aparición de depresión y ansiedad. A los participantes que dieron un paseo de 90 minutos en un entorno natural o en un lugar urbano se les escaneó el cerebro antes y después de sus paseos y se les preguntó sobre los niveles de rumia mental que reportaron ellos mismos. El resultado esencial fue que los participantes que caminaron en un entorno natural versus aquellos en un entorno urbano informaron una disminución de la rumia mental después del paseo y mostraron un aumento de la actividad en esa parte del cerebro cuya desactivación se asocia con la depresión y la ansiedad. El investigador de la Universidad de Stanford cree que "los servicios ecosistémicos se están incorporando a la toma de decisiones en todos los niveles de política pública, planificación del uso del suelo, diseño urbano, y es muy importante asegurarse de incorporar los hallazgos empíricos de la psicología en sus decisiones".

El tercer beneficio de estar cerca de la naturaleza es que alivia la fatiga de atención y aumenta la creatividad. El investigador, citado por el autor, menciona que "cuando usas tu teléfono móvil para hablar, enviar mensajes de texto, tomar fotos o cualquier otra cosa que puedas hacer con tu teléfono móvil, estás tocando la corteza prefrontal y provocando reducciones en los recursos cognitivos". En un estudio de 2012, este equipo de investigadores demostró que los excursionistas en un viaje de mochilero de cuatro días podían resolver significativamente más acertijos que requerían creatividad en comparación con un grupo de control de personas que esperaban para hacer la misma caminata y, de hecho, la diferencia fue de un 47% más.

Otro hallazgo importante es que la naturaleza puede ayudarte a ser amable y generoso. En una serie de experimentos publicados en 2014, un grupo de investigadores de la Universidad de California, Berkeley, estudió el impacto potencial de la naturaleza en la voluntad de ser generoso, confiado y servicial con los demás, al tiempo que consideraba qué factores podrían influir en esa relación. Los participantes en este experimento fueron expuestos a escenas de la naturaleza más o menos bellas desde el punto de vista subjetivo y luego se observó cómo se comportaban los participantes jugando a dos juegos de astucia económica. Los expuestos a las escenas de la naturaleza más bellas actuaron de manera más generosa y confiaron más en los juegos que los que vieron escenas menos bellas. Varios otros experimentos y estudios confirman esta conclusión.

Otro hallazgo es que la naturaleza te hace sentir más vivo. El investigador citado aquí sugirió que hay algo en la naturaleza que nos mantiene psicológicamente sanos, ya que la naturaleza es un recurso que generalmente es gratuito y al que se puede acceder al menos en aquellos lugares que están cerca de ella. Por lo tanto, incluso en las áreas urbanas, debemos proporcionar parques y espacios verdes.

Gandhi hizo hincapié en el desarrollo de las aldeas para que se puedan aprovechar los beneficios de estar cerca de la naturaleza y el uso sostenible de los recursos naturales, a diferencia de quienes viven en espacio surbanos, que cada vez más se convierten en víctimas de la vida en barrios marginales y en residentes de chabolas. Gandhi afirmó: "De todas las creaciones animales de Dios, el hombre es el único animal que ha sido creado para que pueda conocer a su Creador. El objetivo del hombre en la vida no es, por tanto, aumentar día a día sus perspectivas materiales y sus posesiones, sino que su vocación predominante es acercarse día a día a su propio Creador". La naturaleza recuerda claramente a todo ser humano el don de la creación, que, por supuesto, es muy superior a los activos de la infraestructura y las instalaciones urbanas, sin importar cómo se hayan construido o cuán brillante sea la arquitectura involucrada.

Es interesante ver la distinción entre los países y sus áreas forestales. Los que tienen la mayor superficie de bosque son generalmente los países de Europa. América del Sur, que alberga la selva amazónica, tiene el 21% de la cubierta forestal del planeta. América del Norte y Central ocupan el tercer lugar,con alrededor del 18% de los bosques, que se extienden generalmente por Canadá y los EE.UU. Diez de los países más ricos en bosques representan dos tercios de la cubierta forestal del mundo y el 34% restante se distribuye entre todos los demás países. La Federación Rusa por sí sola tiene el 20% de la cubierta forestaldel mundo, pero ocupa el puesto 53 entre los países más forestados debido a su gran tamaño de masa terrestre total bajo su control. En general, entre 2000 y 2010, la deforestación ha reducido la cubierta forestal mundial en la enorme cantidad de 13 millones de hectáreas. Sin embargo, debido a la invasión humana de las tierras forestales, en particular con el propósito de expandir las tierras agrícolas, permanecemos totalmente indiferentes a la disminución de la cubierta forestal. Gandhi dijo acertadamente: "Para mí, el arte, para ser verdaderamente grande, debe, como la belleza de la naturaleza, ser universal en su atractivo. Debe ser simple en su presentación y directo en su expresión, como el lenguajede la naturaleza. Cuando admiro las maravillas de una puesta de sol o la belleza de la luna, mi alma se expande en la adoración al creador". Muchos años antes de Gandhi, el jefe Seattle ensalzó la belleza de la naturaleza y lamentó el hecho de que "no hay lugar tranquilo en las ciudades del hombre blanco. Ningún lugar para escuchar el despliegue de las hojas en primavera o el susurro de las alas de un insecto. ¿Y qué hay en la vida si un hombre no puede escuchar el grito solitario de un chotacabras o el argumento de las ranas alrededor de un estanque por la noche?".

En nuestro deseo y ansia de bienes materiales, en los que la sociedad moderna se ha concentrado impulsada por la publicidad y una obsesión sin sentido de "estar a la altura de los vecinos", estamos abrumados por una oferta excesiva. Por lo tanto, en las áreas urbanas, la sociedad humana está perdiendo claramente los beneficios de estar cerca de la naturaleza.

En nuestra situación actual de consumo excesivo y derrochador, necesitamos redefinir el crecimiento mudándonos de las ubicaciones urbanas a las rurales. Sin embargo, esto no sucederá mientras las políticas públicas sólo favorezcan las inversiones en infraestructura y equipamientos para las zonas urbanas, al tiempo que privan a las zonas rurales de la parte que en justicia tienen derecho a recibir, y que, como las deficiencias acumuladas a lo largo de los años se ha hecho ahora imperativa.

El capital como tal no es malo, sino que se utiliza incorrectamente

Lo que Lord Keynes consideraba una medida del progreso humano, es decir, el crecimiento del PIB, que se ha extendido durante más de un siglo como una obsesión creciente para la sociedad humana, podría fácilmente terminar muy pronto. Las voces que se están reuniendo, que han comenzado a cuestionar la excesiva dependencia del PIB en todo el mundo, podrían dar lugar de repente a un cambio cataclísmico con un poder masivo para alterar las tendencias crecientes del pasado. Después de todo, Gandhi dijo: "Un pequeño grupo de espíritus decididos, impulsados por una fe inquebrantable en su misión, puede alterar el curso de la historia". Hemos visto los defectos asociados con el cálculo del PIB, pero quizás lo más significativo sea la obsesión de la sociedad humana con el crecimiento de este indicador como el principio y el fin de todos los esfuerzos humanos.

Si bien hay méritos sustanciales en una forma de existencia más idílica que hoy parece estar fuera de nuestro alcance, tal vez esa no sea la única razón para asegurar que avancemos hacia la implementación y aceptación de la filosofía gandhiana en todo el mundo. Una razón más urgente, y quizá en cierto sentido más imperiosa, para avanzar rápidamente, casi sobre una base tectónica, hacia el pensamiento filosófico de Gandhi es asegurar que los riesgos que enfrentamos hoy no nos abrumen y no pongan en peligro de ninguna manera la existencia de la sociedad humana y de otras especies que viven en este planeta.

Sería interesante hacer referencia a un valioso trabajo de Jason Hickel, de la Universidad de Londres, publicado en el número 87 de la revista *Real-World Economics Review*. Hickel comienza apropiadamente haciendo referencia a lo que él llama una crisis climática y cómo empeora con la reducción de los presupuestos de carbono establecidos por el Acuerdo de París. Cree que los científicos del clima y los ecologistas han comenzado a destacar cada vez más el crecimiento económico como un tema de preocupación. Según él, el crecimiento aumenta la demanda de energía y hace que sea significativamente más difícil abordar la crisis climática. Sin embargo, es necesario señalar que el crecimiento económico no está necesariamente inextricablemente vinculado con un crecimiento proporcional de la demanda de energía. Tenemos varios ejemplos de países, más o menos con el mismo nivel de riqueza y una distribución geográfica y condiciones climáticas algo similares, que en realidad producen mucho más en términos de PIB y producción económica con la misma cantidad de energía que lo que ocurre en otros países. En otras palabras, existen enormes disparidades en todos los niveles de la escala de desarrollo económico entre países y comunidades en cuanto a la eficiencia del uso de la energía.

Sin embargo, es importante volver a la tesis principal de Hickel, a la que él llama decrecimiento. En los últimos tiempos, varios economistas, en particular los que ahora son cada vez más los economistas ecológicos, destacan la necesidad de implementar el decrecimiento en todo el mundo, que la mayoría de las personas considerarían como un enfoque que esencialmente reduce la actividad económica agregada tal como se mide actualmente en términos del PIB. Como se mostrará más adelante en este volumen, no hay absolutamente ninguna razón por la que debamos conformarnos con el decrecimiento o una reducción de la actividad económica agregada como el enfoque mediante el cual lograremos una reducción en las emisiones de dióxido de carbono. En realidad, el crecimiento, que se basa en el patrón de desarrollo actual, necesita ser reemplazado por algo mucho más sostenible y mucho más amigable con la sociedad humana y otras especies y el planeta en general, lo que ilustraremos mediante varios conjuntos de acciones y enfoques cuya implementación sería necesaria.

Hickel hace referencia al Acuerdo de París sobre el cambio climático y al hecho de que el Grupo Intergubernamental de Expertos sobre el Cambio Climático (IPCC) haya publicado un informe especial en el que se evalúa la base científica para limitar el aumento de la temperatura media de aquí a 2100 a 1.5°C con respecto a los niveles preindustriales. En este informe en particular se especifica que, para limitar el aumento de la temperatura a 1.5°C, tendríamos que reducir las emisiones globales a la mitad de su valor de aquí a 2030 y, a continuación, estas tendrían que alcanzar el nivel de cero emisiones netas a mediados de siglo. En realidad, el mayor nivel de seguridad que ofrece este informe especial se relaciona con la descarbonización del sistema económico de aquí a 2040, preferiblemente una década antes de 2050. Por lo tanto, existe claramente la necesidad de reducir las emisiones de dióxido de carbono quizás mucho más rápidamente de lo que implicaría el enfoque de probabilidad algo menor de alcanzar este nivel de aquí a 2050. Es totalmente cierto que, ya en el Cuarto Informe de Evaluación del IPCC, se llegó a la conclusión de que, incluso para alcanzar el límite de los dos grados a finales de siglo, las emisiones de GEI tendrían que alcanzar su punto máximo en 2020 a más tardar. Estamos a las puertas de 2020 y, si nos basamos en las mediciones de las emisiones de GEI de 2018, sin duda no hemos alcanzado el nivel en el que 2020 podría producirse un pico de emisiones, más allá del cual posiblemente tendríamos que ser capaces de reducirlas con bastante rapidez.

También es necesario examinar la captura y el almacenamiento de carbono. De hecho, en el Quinto Informe de Evaluación del IPCC se destacó muy claramente que una medida que tal vez sería deseable es el uso de la bioenergía con captura y almacenamiento de carbono. Sin embargo, dejando de lado estos debates técnicos, lo que es mucho más importante es ver cómo podríamos centrarnos en la cuestión del decrecimiento como el término que se entiende que representa. El objetivo más importante del decrecimiento es básicamente reducir el consumo de materiales y energía en toda la economía mundial y garantizar que los países de altos ingresos con altos niveles de consumo per cápita logren esto mucho más rápidamente y, por lo tanto, en términos cuantitativos, con mucha más eficacia que los países en desarrollo. Estos últimos, por supuesto, tendrían que asegurarse de que son capaces de hacerlo de una manera innovadora al recorrer un camino que no necesariamente emula el del mundo desarrollado, pero que garantiza que se eviten innovaciones tecnológicas mucho mayores y una reducción general del uso intensivo de energía. Esto permitiría a los países en desarrollo avanzar por un camino de desarrollo que es mucho más sostenible. Todo esto también requiere que logremos una distribución deliberada y más equitativa de los ingresos existentes. Según Hickel, al distribuir los ingresos existentes de manera más justa, podemos mejorar el bienestar humano y lograr objetivos sociales sin crecimiento. Esto, por supuesto, puede plantear el problema de quienes consideran el decrecimiento y la reducción de las emisiones de dióxido de carbono y otros GEI como una manifestación de la filosofía marxista. Sin embargo, el asunto en cuestión en este momento no es que la redistribución del ingreso en sí misma se intente para lograr algún objetivo marxista o socialista. El asunto en cuestión es qué requiere realmente la reducción de las emisiones de GEI, lo cual se lograría mucho mejor si hubiera una redistribución del ingreso.

Tal vez el componente más importante del análisis de Hickel se adentra en la historia de lo que se podría describir como la forma capitalista del crecimiento económico. Hickel, por supuesto, comienza diciendo que se podría argumentar que el crecimiento económico es necesario para movilizar recursos que se inviertan en el cambio tecnológico necesario para llevar al mundo hacia la sostenibilidad. Esto, sin duda, es cierto dado el hecho de que tenemos una gran área de desarrollos tecnológicos y un sistema económico basado en tecnologías que, en esencia, son muy intensivas en energía. Y, en muchos de esos casos, el uso de energía se basa en el uso de combustibles fósiles y estos son mucho más intensivos en carbono por naturaleza que las opciones viables disponibles en la actualidad. Por supuesto, también es cierto, como bien mencionó Gandhi, que también debemos modificar nuestra demanda de bienes, que son parte de nuestros patrones de consumo actuales, porque más allá de cierto punto, en la opinión de Gandhi, estos nada agregan al bienestar humano y tal vez sean los medios más importantes por los cuales podemos reducir la demanda de bienes y, en consecuencia, la demanda de combustibles que generan dióxido de carbono.

Hickel nos lleva a continuación a través de la historia del sistema capitalista. Dice que, por ejemplo, en una ciudad como Londres, los precios de las viviendas son astronómicamente altos. Cree que estos precios son ficticios y no tienen ninguna indicación del coste real de construir una casa o incluso del terreno en el que se construye, sino que son en gran medida consecuencia de la rápida privatización del parque de viviendas públicas en Gran Bretaña desde 1980, así como de las relacionadas con las regulaciones financieras, la política de tipos de interés cero y otros factores. Piensa que hay un problema que es tan antiguo como el propio capitalismo. Se remonta a lo que se conoce como el Estatuto de Merton de 1235, que cercó los bienes comunes y obligó sistemáticamente a los campesinos a abandonar sus tierras en una violenta campaña de desposesión que duró siglos. Lo que esto especifica en términos muy claros es escencialmente lo que Gandhi realmente sabía de la violencia de un grupo de la sociedad contra otro que posiblemente no tenía los medios, las armas o la capacidad para luchar contra quienes estaban en el poder.

Hickel afirma que en este período se abolió el antiguo derecho a la habitación, consagrado en la Carta Forestal, que garantizaba a la gente común el acceso a la tierra, los bosques, la caza, el forraje, el agua, la pesca y otros recursos necesarios para la existencia. Es interesante ver que la situación que describe Hickel es, en cierto sentido, similar a la forma en que las comunidades y los habitantes de los bosques de la India fueron desposeídos por el poder colonial simplemente porque este último planteó la opinión de que las comunidades eran incapaces de garantizar el mantenimiento y el crecimiento sostenibles de los recursos forestales del país. Esto, como se mencionó anteriormente, fue solo una artimaña mediante la cual el poder colonial pudo obtener acceso directo y derechos sobre los recursos forestales que se adquirieron esencialmente para una variedad de actividades económicas en Gran Bretaña.

Sin embargo, volviendo al período de la abolición del derecho a la habitación, Hickel afirma que los plebeyos de Inglaterra se encontraron sujetos a un nuevo régimen y, para sobrevivir, tuvieron que competir entre sí por arrendamientos para cultivar en tierras recién privatizadas. Afirma que los arrendamientos se asignaban sobre la base de la productividad y se reevaluaban a intervalos regulares. Para conservar estos contratos de arrendamiento, los campesinos tenían que encontrar formas de intensificar su producción frente a sus competidores. En otras palabras, esto no era muy diferente del empleo de mano de obra esclava, porque con la intensa competencia que se estableció como resultado de las condiciones revisadas, había claramente una compulsión por parte de la mano de obra a producir cada vez más, de lo contrario perderían el acceso a la tierra y se enfrentarían a la hambruna.

Hickel afirma que todo este proceso tenía como objetivo esencial crear un excedente capitalista de ganancias. El capitalismo, según él, siempre necesita una fuente externa a sí mismo, de la que pueda extraer valor no compensado. Pero, según él, también hay algo más en juego, algo aún más importante, más poderoso y tal vez como una fuerza más dinámica. Consideraba que el surgimiento de la enorme capacidad productiva que caracteriza al capitalismo dependía en primera instancia de someter a los humanos a una escasez artificial. En otras palabras, al expulsar a quienes tenían derecho a vivir, los más prósperos y poderosos crearon una sensación de escasez y la amenaza del hambre que generó una intensa competencia. Y, por supuesto, esto se hizo junto con el proceso de acumulación de la élite. También es importante recordar que esto se reforzó mediante la violencia estatal, que incluyó levantamientos campesinos contra los cercamientos y que fueron reprimidos repetidamente por la fuerza y, a menudo, mediante masacres.

Aquí nuevamente, debemos entender la interpretación de Gandhi de lo que constituye el capitalismo actual porque en sus raíces se encuentra la explotación inicial por parte de un pequeño grupo de individuos prósperos de un grupo mucho más grande de plebeyos desfavorecidos que no tenían otra opción que buscar arrendamientos de la escasa tierra que fue creada artificialmente por aquellos en el poder. El feudalismo en varias partes del mundo tenía características similares. Hickel también dice que en la India, los colonizadores británicos buscaron formas de obligar a los indios a cambiar de la agricultura de subsistencia a los cultivos comerciales para la exportación. Curiosamente, en el gran estado de Bihar, que hasta la época de la colonización era una de las regiones más prósperas del país, se convenció a los agricultores de que se trasladaran a plantaciones de índigo, cuyo producto se enviabaa Gran Bretaña, ya que en ese momento la ropa blanca tenía que tener un matiz de índigo que provenía esencialmente de la India. A esto también contribuyó en gran medida el mantenimiento de un orden feudal en el estado de Bihar, donde los privilegiados hicieron el juego a los gobernantes coloniales y se aseguraron de que los campesinos fueran desposeídos, de forma muy similar a lo que ocurrió históricamente en Gran Bretaña. En opinión de Hickel, el capitalismo transforma incluso las ganancias de productividad más espectaculares, no en abundancia y libertad humana, sino en nuevas formas de escasez artificial. Por lo tanto, cree que habría riesgos de apagar el motor de la acumulación en sí y, por lo tanto, matar a la gallina de los huevos de oro si renunciáramos a la escasez artificial que crea el sistema capitalista actual.

Es interesante que Hickel se refiera a la década de 1970, cuando Estados Unidos tenía una tasa de pobreza más baja, salarios reales promedio más altos y niveles de felicidad más altos que hoy, a pesar de tener menos de la mitad del ingreso per cápita actual. La diferencia tiene que ver con la distribución. Sostiene que en la década de 1970, el ingreso se repartía de manera más justa, lo que conducía a mejores resultados sociales. Prácticamente todos los beneficios del crecimiento desde 1980 han sido acumulados por los ricos, dejando al resto de la sociedad en un estado de lo que puede llamarse escasez artificial.

Todo esto puede llevar a algunas personas a creer que tal vez tengamos que alejarnos del capitalismo y que las únicas formas de gobierno que conocemos en los últimos tiempos son la práctica del comunismo o una forma extrema de socialismo. Esto, por supuesto, sería un caso de tirar al bebé junto con el agua de la bañera porque conocemos los males del comunismo. Hemos visto cómo subyuga el espíritu humano y cómo una autoridad centralizada, que es una parte esencial de la introducción y la implementación del dogma comunista, puede en realidad cometer crímenes contra los seres humanos. La miseria generalizada ha caracterizado, por ejemplo, el período en que la Unión Soviética estuvo bajo el régimen comunista y, por supuesto, hay muchos otros ejemplos que también podrían citarse. Gandhi no estaba en contra del uso del capital y, por lo tanto, estaba pensando en un medio humano por el cual el capital pudiera emplearse de una manera que no explotara a una clase en detrimento de la otra y de una manera que garantizara alguna forma de justicia distributiva en lo que respecta a los ingresos y la riqueza y por la cual aseguráramos que el último hombre, es decir, su concepto de *Antyodaya*, que reflejaba nuestras acciones para brindar beneficios a los seres humanos más desfavorecidos y más desposeídos que forman parte de la sociedad.

En este contexto, dijo: "Recuerden el rostro del hombre más pobre y más débil que hayan visto y pregúntense si el paso que piensan dar le será de alguna utilidad. ¿Ganará algo con ello?". Si los capitalistas ignoran los objetivos de equidad, entonces no están siguiendo este principio de *Antyodaya*. De hecho, Gandhi citó: "El capital como tal no es malo; es su mal uso lo que es malo". Por lo tanto, lo que Gandhi buscaba era el despliegue del capital de una manera que no necesariamente creara el mal de que los ricos se volvieran más ricos y los pobres permanecieran exactamente dónde estaban o tal vez incluso empeoraran como resultado de la escasez artificial a la que estaban sujetos. Gandhi también destacó la necesidad del capital cuando dijo que "el capital de una forma u otra siempre será necesario". Esto significa que era plenamente consciente de cómo el capital puede realmente crear una sociedad justa, humana e igualitaria donde las necesidades y deseos de los más desposeídos pudieran ser atendidos mediante el despliegue y uso del capital para mejorar su bienestar.

Gandhi equiparó la verdadera práctica de la democracia con un sistema de gobierno no violento y afirmó que "la gran brecha entre los ricos y los millones de hambrientos haría imposible lograr un sistema de gobierno no violento de ese tipo". Dijo: "El contraste entre los palacios de Nueva Delhi y las miserables casuchas de la clase trabajadora pobre no puede durar un día en una India libre en la que los pobres disfrutarán del mismo poder que los más ricos del país. Una revolución violenta y sangrienta es una certeza que algún día habrá, a menos que haya una abdicación voluntaria de las riquezas y del poder que éstas otorgan y se las comparta por el bien común. Me adhiero a mi doctrina de la tutela a pesar de lo ridículo que se le ha considerado". Creía fervientemente en que el poder se otorgara al pueblo en los niveles más bajos del gobierno. Afirmó que "cuanto mayor sea el poder de los *panchayats*, mejor para el pueblo". Afirmó, además: "Si viéramos nuestro sueño del *Panchayat Raj*, es decir, la verdadera democracia, se haría realidad, consideraríamos al indio más humilde y de menor rango como gobernante de la India igual que al más alto del país... Esto presupone que todos son puros o se volverán puros si no lo son... Y la pureza debe ir de la mano de la sabiduría".

Lamentablemente, la forma de gobierno que Gandhi tenía en mente se ha ido marchitando poco a poco, incluso donde existía. Cada vez vemos más como el poder de los intereses creados y las entidades corporativas están impulsando las políticas luego formuladas por los gobiernos y que van en contra de los intereses de las personas, de la humanidad en general y de la sostenibilidad de la naturaleza, así como de la del planeta.

En ningún otro lugar esto es más claro que en el caso de la industria de los combustibles fósiles, que se beneficia de enormes subsidios, a pesar del hecho de que las emisiones de dióxido de carbono de los combustibles fósiles están provocando un cambio climático que se está volviendo cada vez más peligroso. El Fondo Monetario Internacional (FMI) publicó un estudio el 2 de mayo de 2019 titulado "Los subsidios mundiales a los combustibles fósiles siguen siendo elevados: una actualización basada en estimaciones a nivel de país". En este estudio se estima que los subsidios mundiales se sitúan en un nivel asombroso, a pesar de que la comunidad mundial es plenamente consciente de la necesidad imperiosa de reducir las emisiones de CO_2. A continuación, se ofrece un extracto del resumen del estudio:

"A nivel mundial, los subsidios se mantuvieron altos, con 4.7 billones de dólares (6.3% del PIB mundial) en 2015, y se proyecta que en 2017 alcancen los 5.2 billones de dólares (6.5% del PIB). Los mayores subsidiarios en 2015 fueron China (1.4 billones de dólares), Estados Unidos (649 mil millones de dólares), Rusia (551 mil millones de dólares), la Unión Europea (289 mil millones de dólares) y la India (209 mil millones de dólares). Alrededor de tres cuartas partes de los subsidios mundiales se deben a factores internos (por lo tanto, la reforma de los precios de la energía sigue siendo en gran medida una cuestión de interés nacional de los países), mientras que el carbón y el petróleo juntos representan el 85% de los subsidios mundiales. Una fijación eficiente de los precios de los combustibles fósiles en 2015 habría reducido las emisiones globales de carbono en un 28% y las muertes por contaminación del aire causada por combustibles fósiles en un 46%, y habría aumentado los ingresos gubernamentales en un 3.8% del PIB".

La comunidad científica nos ha estado advirtiendo durante más de un siglo sobre los peligros de continuar con las emisiones de CO_2. Ya en la década de 1890, un científico sueco, Arrhenius, resolvió cientos de ecuaciones y elaboró proyecciones claras sobre cómo las emisiones continuas de CO_2 conducirían al cambio climático. En noviembre de 1965, un artículo The Guardian informó que el presidente de los Estados Unidos, Lyndon Johnson, publicó un informe redactado por el "Panel de Contaminación Ambiental del Comité Asesor Científico del Presidente", que exponía el probable impacto de la producción continua de combustibles fósiles en el calentamiento global. Se cree generalmente que las compañías petroleras eran conscientes de la realidad científica del cambio climático ya en la década de 1950, pero a pesar de su comprensión del cambio climático y de su vínculo con las emisiones de CO_2, habían seguido maximizando la producción y aumentando sus ganancias.

Figura 3

Gráfica de The Guardian | Fuente: Richard Heede, Climate Accountability Institute

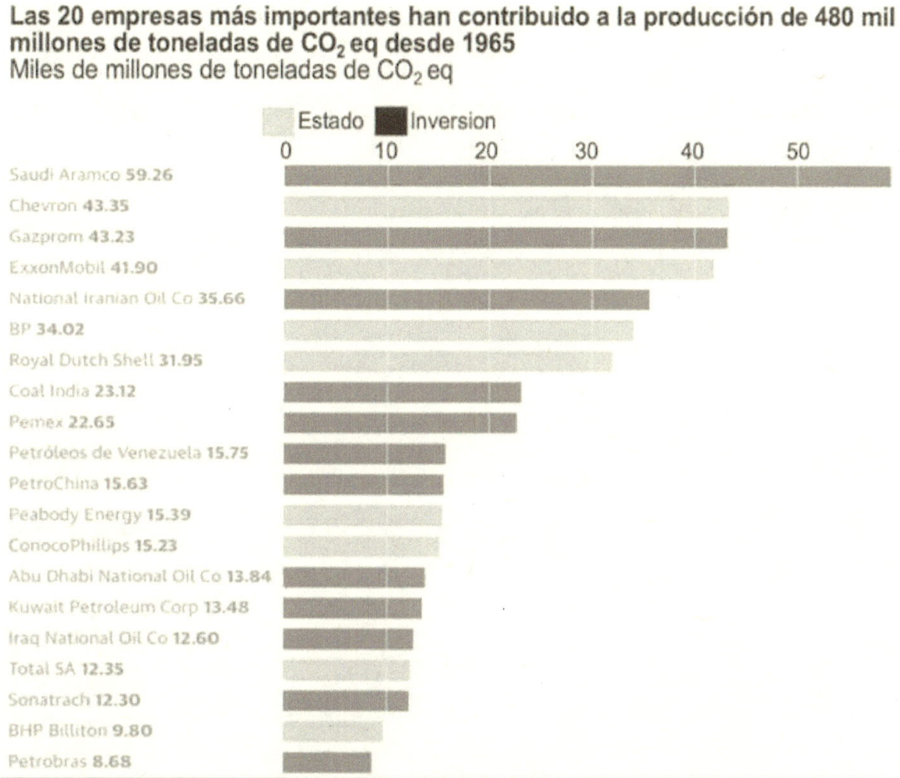

Nota: la tabla incluye emisiones solo para el período de 1965 a 2017.

El mismo artículo The Guardian enumeraba la magnitud de las emisiones de CO_2 de las que son responsables colectivamente 20 importantes organizaciones. Estas organizaciones contribuyeron con 480 mil millones de toneladas de equivalentes de CO_2 desde 1965, lo que equivale al 35% de todo el CO_2 y metano relacionados con la energía en todo el mundo desde 1965. Sería interesante señalar que este autor en 1988 era presidente de la

"Asociación Internacional de Economía de la Energía" (IAEE), un organismo profesional que incluía a los economistas jefes de las principales compañías de carbón y petróleo, así como a académicos e investigadores que trabajaban en cuestiones energéticas. En el discurso anual pronunciado por el presidente de la IAEE en Luxemburgo del 4 al 7 de julio de 1988, este autor sorprendió a los participantes en la reunión anual de la IAEE con un tema que estaba alejado de sus objetivos y que, en general, la industria de los combustibles fósiles había descuidado. Una parte relevante del discurso pronunciado por este autor se muestra en el Anexo I de este volumen.

Si los pueblos perecen, la India perece

Un buen modelo para estudiar y discutir es el trapecio Agra-*Mathura*, que representa un área de 10,400 kilómetros cuadrados y cubre partes de *Uttar Pradesh* y *Rajasthan*. Los principales centros cubiertos por el trapecio son: 1. *Mathura* y *Vrindavan* hacia su esquina noroeste, 2. *Firozabad* en la esquina sureste, 3. Parque Nacional *Keoladeo Bharatpur*, que está en dirección oeste, y 4. Agra, que puede considerarse como el epicentro de este trapecio. Cabe destacar que esta región alberga más de 40 monumentos protegidos, tres de los cuales están incluidos en la lista de sitios de patrimonio mundial, a saber, el Taj Mahal, el Fuerte de Agra y *Fatehpur Sikri*. El Taj Mahal, por supuesto, también es una de las Siete Maravillas del Mundo.

La cuestión que hay que tener en cuenta es si toda esta región, que proporcionaría importantes beneficios a partir de un desarrollo integral, ha sido realmente tratada como un complejo integrado, en particular desde el punto de vista del turismo, que tiene un gran potencial en la zona. En 2013, la visita de turistas ascendió a un total de aproximadamente 4.7 millones. De hecho, entre los turistas extranjeros que visitaron el Trapecio Agra-*Mathura*, fueron menos de 2 millones los que visitaron esta región en el año 2017. Por supuesto, esta cifra fue superior a la que se recibió en 2013, de 1.55 millones de turistas extranjeros. La razón por la que toda la región se beneficiaría enormemente del turismo es que, incluso en términos de suministro de productos agrícolas, verduras, productos avícolas y otros comestibles, las zonas y aldeas circundantes se beneficiarían enormemente con un mercado ampliado tanto en Agra como en *Mathura*.

Por supuesto, existe un grave problema de contaminación del aire, que es el resultado de la instalación de numerosos grupos electrógenos diésel en las ciudades y los suburbios, básicamente porque el suministro eléctrico no es satisfactorio. También está el problema de la concentración de dióxido de azufre, que puede tener un efecto terriblemente corrosivo sobre el propio Taj Mahal. Afortunadamente, los niveles de NO_2 se encuentran, en general, dentro de los límites establecidos, salvo en unas pocas mediciones realizadas en los alrededores del Taj Mahal. También existe un grave problema de contaminación del agua, que es especialmente relevante en el río Yamuna y, por supuesto, en el suministro de agua potable, así como en los sistemas de tratamiento de aguas residuales domésticas. La principal fuente de aguas residuales en Agra son las aguas residuales de la ciudad. Las industrias organizadas suelen tener sus propias instalaciones de tratamiento. Sin embargo, hay un gran número de unidades no registradas distribuidas por toda la ciudad. Por lo tanto, una de las principales mejoras que habría que llevar a cabo en la región de Agra-Mathura-Firozabad es una mejora tanto de la calidad del agua como de la calidad del aire. Si no se toman medidas para lograr esas mejoras, se producirá un marcado deterioro de algunos de los sitios de patrimonio mundial que se encuentran en la región y una pérdida de ingresos debido a la reducción del turismo.

En general, el comercio turístico en Agra y Mathura está lejos de alcanzar niveles satisfactorios. Básicamente, se ha producido un estancamiento en el número de turistas que visitan Agra y se ha producido un descenso en el período medio de estancia. Esto es claramente una de las principales causas de la reducción de la afluencia de ingresos y recursos a la región. La mayoría de los turistas acaban pasando un período medio de estancia muy corto y, como resultado, los niveles de ocupación de los hoteles han disminuido drásticamente, al igual que otras oportunidades de negocio asociadas, vinculadas esencialmente con el comercio turístico.

Existen numerosos problemas relacionados con la mala calidad del aire en la región. Se relacionan fundamentalmente con el suministro insatisfactorio de energía eléctrica, importantes problemas de transporte y tráfico, la ubicación de pequeñas industrias, no necesariamente en Agra en sí, sino en las zonas circundantes, algunas pequeñas industrias en Firozabad, el funcionamiento de la refinería de Mathura y el reverdecimiento de la zona dentro del propio trapecio.

Cada uno de estos es un problema que tendría que abordarse a nivel local en las áreas circundantes y aquí es donde habría que garantizar la rendición de cuentas local y la capacidad de toma de decisiones en la región en su conjunto, porque son cuestiones que no se pueden trasladar de arriba hacia abajo.

En lo que respecta a la contaminación del agua, Agra no tiene instalaciones de tratamiento de aguas residuales y, en la actualidad, un poco más del 30% de las aguas residuales de la ciudad se vierten en desagües antiguos. La mayoría de la población tiene sus propios tanques sépticos o vierte los efluentes en varios estanques locales. Dentro de los siete distritos de drenaje de Agra, un área total de 3054 hectáreas está cubierta por desagües existentes y el área restante de 3053 hectáreas no tiene ningún sistema de drenaje. Otra razón para la contaminación del agua es el lodo generado en una instalación de abastecimiento de agua donde se trata el agua de Yamuna para el suministro de agua potable. Los lodos producidos en los clarifloculadores de la planta de tratamiento y el agua de lavado de los filtros se vierten al río Yamuna a través de un desagüe de aguas residuales, sin ningún tratamiento. Lamentablemente, el suministro de agua potable en la región, incluso en algunas partes de la ciudad de Agra, es insuficiente y, en general, las instalaciones de saneamiento son deficientes, lo que claramente tiene un impacto directo en los recursos hídricos subterráneos. El modelo de desarrollo insostenible en Agra y *Mathura*, los dos principales centros urbanos, tiene graves repercusiones también en las zonas rurales adyacentes, en particular en lo que respecta a la contaminación del aire y del agua y a la suficiencia del suministro de agua.

Si bien no es la intención abordar cada una de las soluciones necesarias en la zona del trapecio, es importante recordar que Agra ha experimentado un retroceso continuo en el sector turístico, en particular en relación con lo que el potencial de este complejo enormemente raro es capaz de lograr. Algunas de las razones por las que ha habido un estancamiento en el flujo de turistas, particularmente de turistas extranjeros, que llegan a Agra y, en cierta medida, a *Mathura*, son el resultado de: (1) la baja duración promedio de la estadía de los turistas en Agra, que actualmente es de menos de una noche; (2) las caóticas condiciones del tráfico y las inadecuadas instalaciones de transporte local; (3) la falta de entretenimiento nocturno, lo que obliga a los turistas a permanecer confinados en sus hoteles o a evitar pasar la noche en Agra; (4) la sobreventa de sólo el Taj Mahal, el Fuerte de Agra y Fatehpur Sikri; (5) la amenaza de los vendedores ambulantes; (6) la falta de un centro de información adecuado y de instalaciones relacionadas; (7) la falta de baños públicos y lugares de descanso en los monumentos y en la ciudad; (8) el mantenimiento inadecuado de los monumentos; y (9) las malas condiciones higiénicas de la ciudad, etc. Es obvio que muchas de las iniciativas que se requieren para crear un desarrollo equitativo y equilibrado de la región son iniciativas que tienen que tomarse dentro de las propias ciudades. Por lo tanto, es necesario garantizar que los vínculos entre las zonas rurales y los suministros que podrían proporcionar a las ciudades estén claramente establecidos y que el número de turistas y las noches que pasan en Agra aumenten sustancialmente.

Al definir la relación entre ciudades y pueblos, Gandhi quería de hecho que "en el futuro, se favorecerá a los pueblos y a sus artesanías. No se permitirá que las ciudades produzcan nada que puedan producir igualmente bien los pueblos. La función adecuada de las ciudades es servir como centros de compensación para los productos de los pueblos".

La razón por la que se ofrece este sencillo ejemplo es sólo para demostrar que, si bien ha habido un rápido crecimiento de las zonas urbanas en el país, todavía hay un nivel muy bajo de conocimientos técnicos e iniciativas mediante los cuales estas zonas urbanas se pueden desarrollar de manera efectiva, independientemente de la integración de las zonas rurales circundantes en coordinación. También es necesario señalar que, si se comprendieran los vínculos comerciales entre las zonas rurales y las ciudades, se podría generar mucho empleo en las propias zonas rurales y no habría necesidad de que los desempleados de las aldeas se mudaran a las ciudades y crearan barrios marginales con una falta total de comodidades e instalaciones. Por lo tanto, en vista de lo que defendía Gandhiji, es necesario garantizar que las áreas rurales tengan los medios, los niveles adecuados de experiencia y la responsabilidad de garantizar un gobierno local mediante el cual el desarrollo pueda tener lugar de manera equilibrada. Si eso sucediera, y si esto se enmarcara en el marco general de un enfoque regional, entonces obviamente habría beneficios para todos, no sólo para los residentes urbanos, sino también para las áreas rurales que podrían vincularse efectivamente con la actividad urbana en todo su entorno.

Es necesario implementar iniciativas de nivel micro que se basarían en la creación de la capacidad y la experiencia adecuadas a nivel del *panchayat*, la institución favorita de Gandhi para la toma de decisiones a nivel de base en las aldeas. Sin embargo, sobre la base del enfoque esbozado anteriormente, es evidente que existe una necesidad de coordinación a nivel regional, de modo que las aldeas, como unidades razonablemente autónomas, no pierdan los beneficios de los vínculos con su entorno. Gandhi dijo acertadamente: "No quiero que mi casa esté amurallada por todos lados y que mis ventanas estén tapadas. Quiero que las culturas de todos los países se propaguen por mi casa con la mayor libertad posible, pero me niego a que alguien me las quite. Me niego a vivir en casas ajenas como un intruso, un mendigo o un esclavo".

En otras palabras, Gandhi estaba abierto a todo tipo de influencias, pero no quería perder su propia identidad. Tampoco quería que la aldea como unidad perdiera su propio carácter. En la mayoría de los gobiernos hay puestos en el gabinete que diferencian entre desarrollo urbano y desarrollo rural. En cuanto al poder y los recursos que ambos ministerios ejercen, el Ministerio de Desarrollo Urbano generalmente tiene éxito, no sólo en términos de recursos presupuestarios, sino también en cuanto a fortalezas organizativas y recursos humanos. Al mismo tiempo, como sucede con la mayoría de los departamentos gubernamentales, los ministerios funcionan en compartimentos estancos y rara vez coordinan sus esfuerzos. Por lo tanto, es esencial que logremos una coordinación a nivel local que establezca claramente objetivos específicos para las zonas rurales como parte integral del desarrollo de una región en su conjunto, incluyendo, cuando sea necesario, el desarrollo de un centro urbano.

Lo ideal es que, a nivel local, todos los que participan en la toma de decisiones sobre el desarrollo se reúnan y establezcan planes que puedan implementarse de manera descentralizada, pero, evidentemente, con un alto grado de coordinación.

En una carta que Gandhi escribió a Nehru en 1945, antes de que éste se convirtiera en primer ministro de la India, afirmaba: "Mi aldea vive hoy en mi imaginación... Él (el aldeano) no llevará su vida como un animal en una habitación oscura y miserable. Los hombres y las mujeres vivirán libremente y estarán preparados para enfrentarse al mundo entero. Las aldeas no conocerán el cólera, la peste o la viruela. Nadie vivirá indolente ni lujosamente. Después de todo esto, pienso en muchas cosas que tendrán que producirse a gran escala. Quiero que los dos (Gandhi y Nehru) nos entendamos bien".

El ejemplo del trapecio Agra-Mathura que se ha dado anteriormente se podría aplicar a muchos otros lugares del mundo en los que existe una sinergia entre las zonas urbanas y rurales contiguas entre sí. Esto es especialmente pertinente en aquellos casos en los que los ingresos y las actividades turísticas son los principales motores económicos. Un buen ejemplo sería la región de Mérida en México, que el gobierno nacional y el gobierno local están tratando de desarrollar como un importante destino turístico. Es evidente que, si bien hay municipios separados que se extienden por toda esta región, la coordinación entre ellos se vuelve absolutamente esencial.

Una cooperativa lechera, escuelas primarias y secundarias

Con el aumento de la densidad de población, no sólo en las zona surbanas, sino también en las rurales, sería inútil planificar una comunidad aislada del resto del entorno. De hecho, como pretendía Gandhiji, es necesario proporcionar una gobernanza y una rendición de cuentas adecuadas a los organismos locales con la experiencia necesaria en el contexto actual. Por lo tanto, es necesario garantizar una coordinación adecuada y continua entre las entidades de toma de decisiones que son contiguas e interdependientes.

El caso en cuestión se encuentra en la terrible calidad del aire en la Región de la Capital Nacional (RNC), que incluye Delhi y las áreas circundantes. Hay varios factores que explican la calidad totalmente inaceptable del aire en la RNC, pero a esto, durante ciertas estaciones, se puede agregar el terrible impacto de la quema de residuos agrícolas en los estados de *Punjab* y *Haryana*. Gran parte de la contaminación creada por esta quema atraviesa Delhi y solo se suma a la mala calidad del aire en la RNC. La respuesta obviamente radica en un esfuerzo coordinado que se extiende a una gran área. Es triste que los estados y los organismos locales, que podrían frenar eficazmente la quema de residuos agrícolas, hayan demostrado ser ineficaces a la hora de hacerlo. Este autor presentó la opción de gasificar la biomasa utilizando residuos agrícolas como combustible a la máxima autoridad de Punjab en 2014, cuando el problema aún no era tan grave. No sólo un conjunto de políticas, incentivos y facilitaciones habrían ayudado a frenar la contaminación del aire, que obviamente afecta también a la población de Punjab, sino que habría proporcionado un recurso útil para generar energía de forma descentralizada. En esta era de conocimientos especializados concentrados, existe, por tanto, una creciente necesidad de una acción coordinada entre unidades administrativas contiguas mediante la cual se puedan alcanzar objetivos comunes mediante una acción colectiva y coordinada.

El estudio de caso descrito anteriormente se centró en toda la región conocida como Trapecio Agra-*Mathura*. Es verdaderamente triste y decepcionante que Agra no sólo contenga una de las siete maravillas del mundo, sino que también albergue muchos de los sitios declarados patrimonio mundial por la UNESCO. De manera similar, *Mathura* es un destino de peregrinos y de personas pertenecientes a la fe hindú que desean viajar al lugar de nacimiento del Señor Krishna. Sin embargo, las instalaciones de ambas ciudades, completamente aisladas de los desarrollos de las localidades y de las áreas circundantes, no sólo han llevado a una forma de desarrollo completamente insostenible y desconectada, sino que, como resultado, han comprometido la capacidad y los atractivos únicos de Agra y *Mathura* para asegurar la afluencia de un número sustancial de turistas.

Si bien puede ser demasiado complejo analizar algunos de los acuerdos institucionales mediante los cuales se puede lograr una reorientación de los planes, prioridades y valores de desarrollo, lo que se propone en este capítulo es un cambio completo, un posible cambio tectónico, no sólo con respecto a la definición de lo que constituye el desarrollo, sino también a la creación de la capacidad en todos los niveles del gobierno mediante la cual se puedan construir los objetivos consagrados en el pensamiento de Gandhi lo más rápidamente posible. Lo que se propone es una serie de actividades mediante las cuales la sociedad humana puede ciertamente garantizar que implementemos algunos programas que puedan lograr el desarrollo de las áreas rurales de una manera que proporcione igualdad de condiciones para todos los que viven en esos lugares.

Un componente importante que tal vez deba considerarse es un plan para emprendedores sociales designados para áreas rurales, quienes seguramente podrían vivir al menos por un período de tres años en localidades rurales, al final del cual, si lo prefieren, pueden quedarse en lo que podría resultar un ambiente mucho más agradable y facilitador en esas localidades y, ciertamente, una carrera mucho más satisfactoria, para aquellos que se involucran en el emprendimiento social. Ha habido una serie de iniciativas que movilizaron experiencia y conocimiento en el pasado en varias partes del mundo. El presidente Mao introdujo el "gran salto adelante" que requería que las aldeas chinas establecieran unidades industriales, incluidos hornos de hierro fundido, la mayoría de los cuales fueron un fracaso. Pero tal vez eso trajo como resultado un espíritu de empresa y familiaridad con la tecnología moderna. A nivel internacional, el Cuerpo de Paz del presidente Kennedy en la década de 1960 fue en general un programa exitoso con personal dedicado que aportó un alto nivel de experiencia en actividades de desarrollo. Hay tres razones específicas por las que es importante llevar a cabo una reorientación importante de las políticas de desarrollo, no sólo en todo el mundo, sino también en el caso de los países considerados en desarrollo.

La primera razón es que durante las últimas décadas hemos visto un descuido total de las actividades y los planes de desarrollo relacionados con las zonas rurales. El énfasis principal se ha puesto en la promoción de infraestructuras y servicios, esencialmente para ampliar las zonas urbanas, incluso en países donde el crecimiento demográfico se ha estabilizado y en realidad no ha aumentado como en otros países del mundo. Esto significa que el crecimiento urbano se está produciendo debido a la migración desde las zonas rurales, además de la que procede de otros países.

La segunda razón es que realmente necesitamos centrarnos en lo que se ha denominado anteriormente como recrecimiento. Hubo un patrón de crecimiento y desarrollo centrado en las zonas urbanas que surgió de la industrialización y que duró al menos un siglo y medio, con, por supuesto, varias modificaciones y a través del proceso de evolución tecnológica que ha tenido lugar a lo largo del tiempo. Pero esto ha creado esencialmente un monolito de actividades industriales y humanas en todo el mundo. Lo que tenemos que hacer ahora es asegurar que el crecimiento sea equitativo y sostenible y pueda ayudar y proporcionar un conjunto justo de oportunidades a los más pobres de los pobres, quiénes, en la mayoría de las áreas, particularmente en el mundo en desarrollo, viven en localidades rurales. Como se mencionó anteriormente, incluso en China, donde tal vez entre 700 y 800 millones de personas han salido de la pobreza en los últimos cinco años, aproximadamente, la población rural se ha vuelto más pobre. Esto se debe esencialmente a un sesgo en la promoción de la urbanización y la asignación de recursos a favor de las ciudades a expensas de las áreas rurales. La tercera razón por la que es de crucial importancia que reorientemos las políticas de desarrollo es que la urbanización sofoca la capacidad de los habitantes urbanos de acercarse a la naturaleza, lo que tiene importantes implicaciones para la visión gandhiana de la vida, que claramente combina no sólo el bienestar físico y mental de cada individuo con sus aspiraciones, sino que también garantiza que exista un componente espiritual en el desarrollo de una persona. La naturaleza infunde al ser humano una personalidad alegre, así como un sentido de esperanza y unidad con la naturaleza, que es esencial para el optimismo que inspira. Es particularmente importante que se revierta urgentemente el deterioro de los recursos naturales y de sus existencias. También es necesario revertir la pérdida de la capacidad de la sociedad humana para identificarse con la naturaleza, que claramente se ha erosionado con el tiempo. Es esencial que restablezcamos lo más rápidamente posible los tipos de acceso que existían antes en términos de acercarse a la naturaleza.

Este último punto es de importancia crucial porque define la naturaleza misma de la visión gandhiana del desarrollo, una visión que ahora necesita ser revivida y resucitada porque estamos claramente en una etapa en la que el exceso de materialismo que los seres humanos están siguiendo hoy y la enorme cantidad de desechos que estamos generando ciertamente restan valor a lo que constituye la felicidad humana.

****

Apoyándose en la visión de Gandhi para la planificación del acceso a la energía y el desarrollo rural integrado

por

Dra. Shonali Pachauri

Alrededor de dos tercios de la población de la India aún reside en sus aldeas en condiciones relativamente primitivas. La energía es vital para el desarrollo y para mejorar las condiciones de vida y, sin embargo, el acceso a los servicios energéticos modernos y a otras infraestructuras básicas aún está lejos de ser universal para estas poblaciones. En abril de 2018, el Gobierno de la India declaró que todas las aldeas de la India tienen acceso a la electricidad. Sin embargo, la realidad es mucho más compleja.

Los datos oficiales consideran que una aldea está electrificada si los cables de energía de la red llegan a un transformador en cada aldea y el 10% de sus hogares, así como los lugares públicos como escuelas y centros de salud, están conectados. Este indicador no dice nada sobre la calidad del suministro eléctrico o los servicios que suministra energía o cómo eso beneficia a las personas que lo usan. Investigaciones recientes muestran que millones de hogares y pequeñas empresas rurales siguen sin acceso a la red eléctrica a pesar de las afirmaciones oficiales de que la India había logrado el 100% del acceso a la red eléctrica en enero de 2019 (SPI&ISEP 2019). Además, dos de cada cinco hogares rurales están insatisfechos con el servicio eléctrico que reciben de las empresas de servicios públicos según encuestas recientes (SPI& ISEP 2019).

La insatisfacción con el ritmo de la electrificación rural y la calidad de la energía y otros servicios básicos suministrados a los consumidores rurales ha dado lugar a redoblar los esfuerzos para el suministro de energía descentralizada para el desarrollo rural sostenible y para involucrar a las partes interesadas locales y crear capacidad local para desarrollar y gestionar la infraestructura a nivel local. Estos esfuerzos están en consonancia con la visión de Gandhi de la descentralización, la autosuficiencia y el desarrollo rural integrado. El concepto de Mahatma Gandhi de "regreso a la aldea" resuena aún hoy, particularmente con los objetivos globales de aumentar la equidad –no dejar a nadie atrás– y llama a una mayor democratización de las sociedades. Gandhi buscó desarrollar la India desde abajo, con un enfoque en los más pobres y los más débiles. Hizo hincapié en la centralidad de la aldea. Creía que una economía rural fortalecida y sólida podría revitalizar la nación y que las pequeñas comunidades que moldean sus vidas y planifican su propio desarrollo basado en la cooperación voluntaria eran el mejor medio para evitar la explotación, la pobreza y el desempleo. Las aldeas autosuficientes, que producen principalmente para su propio consumo, eran el camino hacia una vida pacífica y la búsqueda de valores democráticos según Gandhi.

Los esfuerzos por lograr modos descentralizados de electrificación también han ganado fuerza en los últimos años debido a los desafíos con la extensión de la red en muchas áreas rurales pobres donde las bajas densidades de población y las grandes distancias de transmisión resultan en altos costos marginales de conexión en relación con la demanda esperada. Los esfuerzos descentralizados se consideran una forma de superar algunos de los desafíos de las infraestructuras centralizadas intensivas en capital, lo que permite esfuerzos más difusos y basados en la comunidad que tal vez sean más democráticos. Sin embargo, la forma en que se organizan e implementan los esfuerzos descentralizados parece tener una influencia significativa en el flujo de beneficios que se derivan de ellos (GNESD 2015; WRI 2017). La planificación e implementación inadecuadas de proyectos descentralizados fuera de la red y minirredes se ha asociado con la provisión inadecuada de servicios energéticos para satisfacer las necesidades requeridas y un mantenimiento deficiente de la infraestructura y los sistemas.

Mejorar el bienestar humano y permitir el desarrollo requiere una gama de servicios energéticos que van desde los usos domésticos más básicos, como la iluminación y la cocina, hasta los más sofisticados, como la refrigeración, el confort térmico y el entretenimiento, así como los servicios productivos, de transporte y comunitarias. Si bien la disponibilidad física proporciona una métrica simple para capturar una dimensión del acceso, ignora varias otras dimensiones o atributos asociados con el acceso y deja lugar a la ambigüedad en cuanto a la escala espacial en la que se define el acceso (por ejemplo, a nivel comunitario, de hogar o individual). Otras dimensiones importantes del acceso incluyen la aceptabilidad y conveniencia, la adecuación, la asequibilidad, la confiabilidad, la seguridad, la legalidad, la eficiencia y la calidad del servicio (la multidimensionalidad del acceso a la energía ha sido analizada por Pachauri 2011; Pachauri y Spreng 2011, Practical Action 2012, WB GTF 2013, Pelz y Pachauri 2018, etc.).

Las opciones y tecnologías para mejorar el acceso son múltiples y abarcan diferentes escalas y propósitos. Para la electrificación, las opciones varían desde sistemas centralizados basados en la red hasta microrredes más pequeñas y tecnologías modulares fuera de la red que utilizan combustibles fósiles o renovables. Para cocinar, las opciones son igualmente diversas: desde cocinas mejoradas que utilizan combustibles sólidos tradicionales hasta las que utilizan biomasa procesada (pellets, biogás, etanol, etc.), combustibles fósiles de combustión más limpia como el gas licuado de petróleo (GLP) y el gas natural o incluso electricidad. Para el transporte, las opciones incluyen modos públicos y privados alimentados por gasolina y diésel, gas natural comprimido, combustibles de base biológica más nuevos o incluso electricidad. Por último, las soluciones de energía mecánica van desde motores diésel hasta molinos de viento y de agua y otros motores alimentados con energías renovables y fósiles.

En la India, los primeros esfuerzos de electrificación rural, posteriores a la independencia, estuvieron motivados por el suministro de energía barata a los agricultores para el bombeo de riego. Como consecuencia, la electrificación se produjo mediante la expansión de la red central en los estados fértiles productores de trigo. Pero a menudo se pasó por alto a las comunidades más pobres y las estructuras de tarifas extremadamente bajas para los agricultores y los hogares que se establecieron entonces tuvieron consecuencias para la rentabilidad futura de las empresas eléctricas estatales y tuvieron graves consecuencias ambientales (Dubash y Rajan 2001). Si bien la revolución verde que se produjo en parte por la intensificación del riego aumentó la seguridad alimentaria y trajo beneficios a mucha gente en la India, los beneficios de la electrificación fueron para relativamente pocos. Incluso después de más de siete décadas de independencia de la India, lamentablemente, la electrificación rural no ha beneficiado directamente a la mayoría de la población rural. La experiencia ha demostrado que, más allá de los usos obvios de la electricidad para iluminación, radios y electrodomésticos básicos, los usos de la electricidad para propósitos que podrían mejorar los medios de vida y generar desarrollo en una zona surgen lentamente sin mecanismos institucionales que conduzcan a fomentar la actividad empresarial y los usos productivos de la electricidad (Pachauri y Spreng 2013).

Las visiones recientes de "aldeas inteligentes" donde los esfuerzos comunitarios se integran con las tecnologías de la información y la comunicación para brindar beneficios a las comunidades rurales pueden verse como nuevas interpretaciones de la visión de Gandhi (Somwanshi et al. 2016). Una aldea inteligente se concibe como una en la que el acceso a la energía moderna actúa como catalizador para el desarrollo en educación, salud, seguridad, empresas productivas y el medio ambiente. El énfasis está puesto en una mayor eficiencia en el uso de los recursos, la gobernanza local autónoma, el acceso asegurado a los servicios básicos y un comportamiento individual y comunitario responsable para construir sociedades felices. Llamamientos similares a enfoques más integrados y equitativos para el desarrollo de la energía y la infraestructura también están consagrados en la Agenda 2030 de las Naciones Unidas para el Desarrollo Sostenible.

Probablemente no hayamos aprendido alguna lección útil de la negligencia hacia las áreas rurales en el pasado porque incluso cuando estamos implementando tecnología moderna a gran escala en todo el país, parecemos descuidar los beneficios que deberían corresponder de manera justa y correcta a nuestra población rural. El 17 de octubre de 2019, la BBC presentó una evaluación interesante del hecho de que, si bien la India tiene más de 630 millones de suscriptores de Internet, por cada indio que tiene acceso a Internet hay al menos uno que no lo tiene, y es muy probable que esa persona viva en una zona rural.

Lo que dice este informe es que, si se observa la población rural, que ronda el 66%, la densidad de Internet es de apenas el 25.3%, mientras que la población urbana, que constituye el 34% del total, tiene una densidad de Internet del 97.9%. Esto es algo que claramente necesita corregirse y tiene que haber un enfoque inteligente mediante el cual las personas rurales también puedan recibir los beneficios de la tecnología moderna y la conectividad, que va a ser de importancia crucial para el desarrollo de estas regiones. De hecho, hay zonas montañosas en Himachal Pradesh, Uttarkahand e incluso en las colinas de Darjeeling, así como los desiertos de Rajastán y las regiones tribales de Madhya Pradesh que están completamente excluidas de la llamada revolución digital. Sin embargo, estas son las comunidades que necesitan estar conectadas de manera que no continúen o se multipliquen con las terribles desventajas que han estado sufriendo en el pasado. También se informó de que sólo el 16% de las mujeres indias utilizaban servicios de telefonía móvil e Internet, lo que pone claramente de manifiesto la brecha de género en la sociedad india. En lo que respecta a los emprendedores sociales, se han probado algunas innovaciones interesantes.

Por ejemplo, en el caso de Bihar, el gobierno ha creado una ONG llamada Jeevika, que ha realizado un trabajo bastante notable en varios campos como una especie de agencia de desarrollo que funciona en zonas rurales. Pero también es, en algunos aspectos, una entidad burocrática cuya estructura en la cima está formada únicamente por funcionarios gubernamentales. Y, por lo tanto, los medios por los que se lleva a cabo la implementación de los programas a menudo están plagados de procedimientos y sistemas burocráticos. Lo que sería extremadamente eficaz en la mayoría de las zonas rurales sería una organización que estuviera estructurada de manera amplia y que muy bien podría ser de alcance estatal. Pero una estructura eficaz debería ser tal que no sólo los funcionarios gubernamentales guiaran el destino de la organización, sino que una serie de otros expertos y personas con inclinaciones altruistas deberían poder ayudar a las poblaciones rurales de diversas maneras, incluidos, por supuesto, los sistemas modernos de conectividad. También tendría algún mérito que el gobierno brindara apoyo para la conectividad que tendrían que llevar adelante de una manera efectiva y mensurable. Esto, por supuesto, plantea toda la cuestión de los tipos de métricas y medidas con las que se debe evaluar y valorar el emprendimiento social. Esto claramente requiere esfuerzos intelectuales que deben estar integrados en el gobierno local a nivel de panchayat para que cualquier programa que se examine no se deje simplemente en manos del gobierno a nivel estatal o del gobierno a nivel central. Si bien estos organismos realmente tienen un papel definido que desempeñar, en particular cuando se deben considerar los fondos y las sanciones gubernamentales, lo que sería particularmente importante es empoderar y crear capacidad dentro de los panchayats a nivel del propio gobierno local.

Una omisión extremadamente importante, en particular en relación con el concepto de desarrollo rural de Gandhi, ha sido la falta de crecimiento del movimiento cooperativo en la India. Este es un tema que debe considerarse con mucho cuidado, dada en particular la importancia de lo que el Dr. Verghese Kurien pudo lograr con el programa Operation Flood. Milagrosamente, la producción de leche en la India aumentó a pasos agigantados, esencialmente gracias a la fuerza del movimiento cooperativo, que también trajo prosperidad a las poblaciones rurales de una manera notable.

Por lo tanto, un mecanismo institucional muy útil que podría abordar algunas de las disparidades entre las personas más pobres que viven en las zonas rurales y los terratenientes ricos, y un mecanismo que está esencialmente orientado al mercado, es el movimiento cooperativo. La Oficina Internacional del Trabajo (OIT) en Ginebra publicó hace algunos años un documento útil titulado "El papel de las cooperativas en la consecución de los Objetivos de Desarrollo Sostenible: las dimensiones económicas". Este documento comienza mencionando el hecho de que hay 2.6 millones de sociedades cooperativas y desde entonces, en 2014, cuando se publicó el documento, tal vez el número haya crecido significativamente. También menciona que hay más de mil millones de miembros de estas sociedades cooperativas y que tienen una facturación combinada de tres billones de dólares estadounidenses.

El movimiento cooperativo global es la organización más grande del mundo, mayor en términos de membresía que el movimiento sindical y económicamente más poderoso que varios países del G20. Proporciona empleo a muchas más personas que todas las compañías multinacionales juntas. Por lo tanto, en teoría, un movimiento tan importante debería ser central en la agenda de desarrollo internacional. Sin embargo, a pesar de su tamaño y poder, el movimiento no ha sido muy influyente en el debate posterior a 2005.

El movimiento cooperativo, en varias partes del mundo, está limitado por importantes limitaciones de reglas, regulaciones y legislaciones. Un ejemplo de esto puede encontrarse en el movimiento cooperativo en la India, que esencialmente conlleva la provisión de un Oficial de Distrito, esencialmente un burócrata, que puede disolver una cooperativa en función de lo que percibe que puede ser una desviación de las reglas que la cooperativa está obligada a seguir. Esto puede ser muy válido en algunos casos, pero esencialmente, si la cooperativa en sí misma tiene un enfoque de abajo hacia arriba, entonces tiene el poder del pueblo, lo que sin duda proporciona grandes beneficios a las personas que son miembros y a la sociedad en general. Un excelente ejemplo del movimiento cooperativo se encuentra en lo que se ha llamado la revolución blanca en la India, una innovación importante que utilizó la estructura cooperativa y que el Dr. Verghese Kurien, un genio en todos los aspectos y un defensor infatigable de las cooperativas y de sus miembros, ha sido capaz de lograr. Sería útil seguir el registro que todavía se conserva como registro de los diversos logros del Dr. Kurien. Desafortunadamente, murió hace varios años y, aunque se trataba de una persona que debería haber ganado el Premio Nobel de la Paz por lo que fue capaz de lograr y crear contra todo pronóstico, falleció prácticamente sin haber sido reconocido por el Gobierno de la India para el más alto honor del país, que se llama *Bharat Ratna*. En un modesto homenaje al Dr. Kurien, se ofrecen a continuación las palabras que se encuentran en su sitio web:

"La Operación Flood dio inicio a la Revolución Blanca en la India y permitió que nuestro país fuera autosuficiente en materia de leche, y esto se logró en su totalidad mediante la estructura cooperativa. Hoy en día, alrededor de 12 millones de granjeros, en más de 22 estados de todo el país, poseen alrededor de 250 plantas lecheras que procesan alrededor de 20 millones de litros de leche al día. Este es un logro notable. Si bien en la India tendemos a dar por sentado nuestro logro, esta hazaña provocó grandes elogios y admiración en todo el mundo".

"En 1955, nuestras importaciones de mantequilla eran de 500 toneladas al año; hoy nuestras cooperativas por sí solas producen más de 12,000 toneladas de mantequilla. De manera similar, en 1955 importábamos 3,000 toneladas de alimentos para bebés; hoy nuestras cooperativas por sí solas producen 38,000 toneladas de alimentos para bebés. En 1975, se detuvieron todas las importaciones de leche y productos lácteos. La importación permitida fue la de ayuda alimentaria en el marco de la Operación Inundación".

"Se creó una agencia independiente, llamada *Indian Dairy Corporation* (IDC), para recibir subvenciones de ayuda alimentaria y utilizarla en la Operación Inundación. Esta agencia también estaba dirigida por el maravilloso Dr. Verghese Kurien". "La producción de leche en polvo aumentó de 22,000 toneladas en el año anterior a la Operación Inundación a 140,000 toneladas en 1989".

Las cooperativas son quizás el mecanismo ideal para una amplia gama de productos que emanan de las actividades agrícolas y de otro tipo en las zonas rurales. Sin embargo, en varias partes del mundo, en particular en la India, donde todavía hay mucha gente vinculada a actividades agrícolas, hortícolas y ganaderas, las cooperativas no se han difundido realmente ni han sido eficaces en términos de las limitaciones a las que están sujetas. El documento de la OIT resume muy acertadamente varios de los desafíos del modelo cooperativo. Entre ellos se incluyen, por ejemplo:

1.El desafío del medio ambiente, en el que se afirma que en algunos países las políticas cooperativas, las leyes cooperativas y las instituciones de apoyo a las cooperativas aún no son plenamente propicias para el surgimiento y el funcionamiento adecuado de cooperativas genuinas, controladas democráticamente y viables económicamente. Aunque se afirma que se han logrado avances sustanciales en estas áreas desde mediados de los años 90, en algunos casos la liberalización puede haber ido demasiado lejos y expuesto a los miembros al fraude. En el caso de la India, lamentablemente, son las restricciones y regulaciones que rigen la formación y, lo que es más importante, el funcionamiento de las cooperativas, las que han sido un obstáculo importante para su crecimiento. Esto es algo que el Dr. Kurien expresó en varias ocasiones, en las que sentía que el poder de las personas y la capacidad de las personas para ejercer sus opciones a través de los movimientos cooperativos a menudo se ven obstaculizados por leyes y regulaciones anticuadas que claramente restringen su funcionamiento.

2.El desafío del tamaño es otra cuestión que claramente obstaculiza el crecimiento de las cooperativas. Estas entidades deben ser lo suficientemente grandes como para alcanzar el punto de equilibrio económico y lo suficientemente pequeñas como para permitir que los miembros individuales participen de manera significativa. En esta publicación se sugiere que el tamaño óptimo de una cooperativa está, por tanto, determinado por factores económicos –las cooperativas financieras pueden alcanzar el punto de equilibrio antes que, por ejemplo, las cooperativas de comercialización–, así como por factores sociales y societarios. Se afirma que estos últimos también explican por qué las cooperativas tienen más éxito en ciertas comunidades africanas que en otras. En el caso de la India, aparentemente, las cooperativas han tenido un éxito excepcional en el estado de Gujarat, aunque en otras partes del país no siempre han funcionado de manera eficaz. Esto significa claramente que no hemos gastado suficiente capital intelectual para comprender y optimizar el desarrollo y el funcionamiento de las cooperativas en todo el mundo. Si se proporciona poder a los miembros de las cooperativas, por ejemplo, en las zonas rurales, esto estaría en estrecha consonancia con el concepto de gobernanza descentralizada de Gandhi y, por tanto, realmente necesitamos comprender y conceptualizar los tipos de cooperativas que podrían ser útiles en condiciones económicas y sociales específicas en varios países y comunidades.

3.Por supuesto, existe el desafío de la gestión, ya que los miembros de las cooperativas son consumidores, agricultores, trabajadores y pescadores, así como operadores de la economía informal, artesanos, etc. Por supuesto, no se puede esperar que estos miembros se conviertan en gerentes y, sin embargo, las cooperativas más pequeñas no pueden permitirse contratar gerentes profesionales y, por lo tanto, necesitan confiar en las habilidades de líderes electos que pueden sobresalir en el negocio pero que nunca han visto un balance general. En este sentido, los empresarios sociales que se han descrito anteriormente podrían muy bien asociarse con las cooperativas y proporcionar la gestión y la experiencia relacionada a las cooperativas, particularmente en sus etapas formativas. Posteriormente, cuando estas cooperativas crezcan, tal vez haya suficiente justificación para que contraten gerentes profesionales. Esto ciertamente ha sucedido con la revolución blanca, donde *Amul*, por ejemplo, la marca que produce la cooperativa lechera en varias partes de la India, compite eficazmente incluso con las organizaciones internacionales y multinacionales que promueven sus propias y bien conocidas marcas. El nivel de innovación inherente a la gestión de *Amul* ha demostrado ser mucho más potente y competitivo que el de muchas otras marcas que no solo están disponibles en la India, sino que han tenido éxito en todo el mundo.

4.También existe el desafío de la innovación porque se observa que las cooperativas han estado mucho más extendidas en el caso de los sectores tradicionales de las economías nacionales, como la agricultura comercial, la distribución minorista y las finanzas. Sin embargo, los sistemas económicos modernos que ahora se basan en Internet requieren nuevas formas de cooperativas. Se puede entender por qué marcas como Amazon han tenido tanto éxito porque han utilizado el poder de Internet, así como las economías de escala que harían posible que una empresa de este tipo se convirtiera casi en una fuente universal de diversos productos y servicios que se pueden proporcionar.

5.El desafío de la flexibilidad también es importante porque los Objetivos de Desarrollo Sostenible (ODS) requieren cooperación, pero no necesariamente cooperativas formalmente registradas y plenamente desarrolladas. Las cooperativas deben mantenerse fieles a sus valores mientras se adaptan a las realidades de un mundo cambiante. En general, por lo tanto, es de crucial importancia que estudiemos los éxitos y los fracasos de las cooperativas en todo el mundo y, al mismo tiempo, anticipemos algunos de los desafíos que tendrían que enfrentar, particularmente con el desarrollo de tecnología de varios tipos. Y, por supuesto, la expansión de las cooperativas en diferentes partes del mundo también requeriría la asociación con los gobiernos y, de hecho, estas tienen que ser iniciadas por los gobiernos debido a las iniciativas regulatorias, institucionales y legislativas que se requerirían.

Otra organización notable basada en el sistema cooperativo es conocida como IFFCO, the *Indian Farmers Fertilizer Cooperative Limited* (la Cooperativa Limitada de Fertilizantes de Agricultores de la India). Esta fue una organización establecida por su primer director Gerente, el Sr. Paul Pothan en 1967. Por lo tanto, ahora tiene más de 50 años. IFFCO, comenzó en una escala muy modesta, pero ahora se ha convertido en una organización gigantesca con varias instalaciones, varias subsidiarias, incluida la llamada *Tokyo General Insurance Company*. Hay subsidiarias como Indian Potash Limited y Kisan Rural Finance Limited, entre otras. La palabra Kisan en hindi significa agricultor. Hay toda una gama de entidades que forman parte de la IFFCO bajo su paraguas. Por ejemplo, está la *Jordan India Fertilizer Company* y una instalación que se ha establecido en Omán. Por lo tanto, la IFFCO es realmente un ejemplo notable de cómo el movimiento cooperativo puede marcar la diferencia para un gran número de personas.

Sólo para dar un ejemplo, si observamos el número de organizaciones que están afiliadas a la IFFCO, el número ahora ha alcanzado un total de 55 millones de agricultores en la India. Comenzó con una modesta membresía de 57 cooperativas y hoy el número de miembros cooperativos es más de 36,000. La facturación de la IFFCO en 2018-19 fue de un total de casi 28,000 millones de rupias (casi 4,000 millones de dólares) y generó un saludable beneficio antes de impuestos de casi 1,160 millones de rupias (aproximadamente 164 millones de dólares). En términos de patrimonio neto, la cooperativa alcanzó un patrimonio neto total de 16,269.48 millones de rupias (aproximadamente 2,300 millones de dólares). De modo que se trata, en todos los aspectos, de una gigantesca empresa que ha supuesto, sin duda, un enorme beneficio para la India. Lo más valioso es que ha beneficiado a un gran número de agricultores. La IFFCO se está diversificando y prestando toda una gama de servicios a la comunidad agrícola. Esto puede resultar un modelo importante, no sólo para otras partes de la India, que no están cubiertas por la IFFCO y su amplia difusión, sino también para otras partes del mundo. En particular, el modelo de la IFFCO sería extremadamente útil para los países de África que están intentando mejorar su agricultura. En cuanto al gran reto que afrontan las naciones africanas debido al aumento de la población, es importante ver que todos los agricultores de ese continente se benefician de una organización modelo que ha tenido un éxito único en la India, con una presencia fundamental de base y la participación de un gran número de agricultores.

La característica fundamental de una cooperativa de esta naturaleza es que, una vez que alcanza un cierto tamaño y ciertas economías de escala, puede aprovechar la experiencia y proporcionar insumos profesionales que, naturalmente, una cooperativa pequeña o cualquier entidad subóptima no podría movilizar o permitirse. La IFFCO también forma parte de una red mundial de organizaciones de fertilizantes con sede en París, conocida como la Asociación Internacional de Fertilizantes. Por lo tanto, también tiene la ventaja de analizar las prácticas y los desafíos mundiales relacionados con una visión del futuro. Una de las áreas que es particularmente importante para la IFA es toda la cuestión del cambio climático y cómo la agricultura y el uso de fertilizantes y la manera en que este conjunto de insumos evolucionaría en el futuro podrían hacer frente al desafío del cambio climático.

En conjunto, las cooperativas serían una respuesta muy directa y apropiada a la filosofía de Gandhi de promover el desarrollo rural y mantener a la gente en aldeas con una serie de oportunidades y potencial económico que no sólo reducirían las disparidades entre los habitantes urbanos y rurales, sino que también promoverían el bienestar de personas que están esencialmente totalmente desfavorecidas y alejadas de la actual etapa de desarrollo en muchos países.

Por implicación, Gandhi debe haber encontrado gran mérito en los acuerdos institucionales para las cooperativas que tal vez podrían implementar su visión de las aldeas. Las cooperativas, por su propia definición, no son necesariamente dictadas por el gobierno en niveles superiores, sino que son esencialmente administradas por seres humanos que se convierten en parte de una cooperativa particular. Su opinión al respecto era: "Solo un cambio radical será suficiente. Poner fin a las pequeñas propiedades e introducir granjas colectivas organizadas y empresas cooperativas. La tierra no absorberá ni puede absorber a toda nuestra gente, y otros deben recurrir a la industria en pequeña escala, pero en general, a industrias socializadas y servicios sociales a gran escala. Estas ideas acercaron a la clase media, la intelectualidad y los campesinos. La adopción del sencillo vestido blanco khadi por parte de la clase media resultó en simplicidad y un sentimiento de unidad con las masas. Incluso los más pobres sintieron algo de esta dignidad y respeto por sí mismos".

Estas palabras son verdaderamente profundas, porque en primer lugar enfatizan la necesidad de un cambio radical. Este cambio es lo que se defiende en este libro en forma de lo que se podría describir como un cambio tectónico, simplemente porque los problemas ambientales y ecológicos que enfrenta el planeta requieren un cambio radical y sustancial hacia la filosofía gandhiana. Gandhi también enfatizó la necesidad de empresas cooperativas, que han permanecido muertas en varias partes del mundo, más notablemente en la India, la tierra que llama a Gandhi el Padre de la Nación. También vio la necesidad de que la tierra no pueda absorber a todas las personas en profesiones agrícolas y, por lo tanto, el desarrollo de la industria a pequeña escala y un vínculo con las industrias socializadas a gran escala y los servicios sociales. Esto implicaría una planificación y acción coordinadas con los centros urbanos como parte de las ubicaciones rurales contiguas. Con estas palabras también enfatizó la necesidad de la intelectualidad de clase media y los campesinos. Tal visión apoyaría la necesidad de empresarios sociales y posiblemente un enfoque regional mucho más amplio que no se centre necesariamente en las áreas urbanas, sino también en el interior de las ubicaciones rurales y los alrededores que deben integrarse con lo que Gandhi llama las "industrias socializadas a gran escala y los servicios sociales". Por lo tanto, debemos asegurarnos de que el cambio radical del que habló Gandhi se implemente lo más rápidamente posible para que podamos abordar algunos de los males crónicos de la sociedad, incluidos los problemas ambientales, ecológicos y relacionados con el cambio climático inducido por el hombre, junto con la cuestión de las crecientes disparidades de ingresos y riqueza, que claramente son resultado de la forma de urbanización que se está siguiendo en la mayor parte del mundo.

****

Energía, salud y educación

por

Dra. Saroj Pachauri

Servicios de salud

Gandhiji creía que los servicios de salud deberían estar disponibles para todos. Conceptualizó un modelo de atención de salud y educación basado en las aldeas. En la década de 1950, la India inició un programa para proporcionar atención primaria de salud en áreas rurales donde residía el 80% de la población. Durante estos años se ha establecido una vasta red de subcentros, centros de salud primarios y hospitales de distrito. Se ha capacitado a millones de trabajadores de primera línea para brindar servicios de salud a domicilio. Como resultado de estos esfuerzos, la mortalidad y la fertilidad han disminuido. Sin embargo, todavía queda un largo camino por recorrer, ya que la India no sólo debe combatir las enfermedades transmisibles, sino también abordar el creciente problema de las enfermedades no transmisibles, como las enfermedades cardiovasculares, la diabetes, etc. La India soporta actualmente una doble carga de enfermedades. Para lograr una atención sanitaria universal se necesitarán esfuerzos mucho mayores y concertados, e innovación.

¿Habría previsto Gandhiji este escenario? Sólo podemos especular. Pero sin duda imaginó servicios sanitarios para los pobres rurales. El gobierno comenzó proporcionando servicios sanitarios en las zonas rurales donde se han logrado avances. Sin embargo, hoy la situación de los pobres urbanos es mucho peor que la de los pobres rurales. Grandes cantidades de hombres y mujeres pobres rurales están acudiendo en masa a las grandes ciudades en busca de empleo y medios de vida, lo que da lugar a una proliferación de barrios marginales urbanos plagados de problemas sociales y de salud. Se prevé que las crecientes disparidades socioeconómicas serán un problema grave que dará lugar a una agitación social y crisis sanitarias sin precedentes.

Demografía

La población de la India, de 1,300 millones de habitantes, se considera un problema importante, ya que se considera que la población supera a los recursos. La percepción es que es el mayor problema de la India. La India no podrá alimentar, vestir, educar y proporcionar empleo y atención sanitaria a esta población extraordinariamente numerosa. En consecuencia, las medidas coercitivas que contradicen los derechos humanos son la reacción instintiva frecuente del gobierno para resolver el problema.

Por otra parte, las mujeres en la India, incluidas las mujeres pobres de las zonas rurales, no quieren tener más de dos o tres hijos. El número medio de hijos que nacen de las mujeres es de dos o menos en más de diez estados del país. Estos estados han alcanzado el nivel de fecundidad de reemplazo. Sin embargo, a pesar de estos logros, el número de personas sigue creciendo debido al impulso demográfico. Una gran proporción (62.5%) de la población de la India es joven (de 15 a 49 años de edad). Aunque estos jóvenes no desean tener más de uno o dos hijos, la población de la India seguirá creciendo. Este dividendo demográfico puede aprovecharse en beneficio de la India, pero sólo si se realizan ahora inversiones en salud y educación. Si la India tiene éxito en esta tarea, se incorporará a la corriente laboral a personas jóvenes, sanas y educadas que se convertirán en recursos productivos para el país, mejorando así el crecimiento económico y la productividad. Pero proporcionar atención sanitaria y educación y generar oportunidades de empleo son requisitos previos esenciales para lograr este resultado.

Pasantía médica: la experiencia en *Najafgarh*

Después de terminar los estudios de medicina, pasamos por un período de pasantía de un año en el que, por rotación, nos familiarizamos con las distintas disciplinas de la medicina. Una parte importante de la pasantía fue una residencia de tres meses en un pueblo. El objetivo era exponer a los estudiantes a los problemas de salud de los pobres rurales que, en ese momento, comprendían el 80% de la población del país.

Hice una pasantía en *Najafgarh*, una zona rural de las afueras de Delhi. Durante mi pasantía rural, participé en un proyecto sobre letrinas sanitarias. Reconociendo que la defecación al aire libre era la causa más importante de enfermedades gastrointestinales y que la diarrea era la causa más importante de mortalidad y morbilidad, especialmente en los niños. La Fundación Ford había financiado un proyecto para instalar letrinas sanitarias en las zonas rurales. Se había realizado una encuesta entre la población de Najafgarh para evaluar si a la gente le gustaría utilizar las letrinas si se les proporcionaran de forma gratuita. Los resultados de la encuesta revelaron que esta comunidad rural estaba de acuerdo con la idea, por lo que se construyeron letrinas sanitarias en las casas de los habitantes.

Cuando nuestro grupo de estudiantes de medicina fue destinado a Najafgarh, se nos asignó la tarea de visitar las casas de los habitantes para preguntarles sobre su experiencia con el uso de letrinas. Los resultados de nuestra encuesta fueron impactantes:

¡no se utilizaba ninguna de las letrinas! Todos, incluidas las mujeres y los niños continuaban con la misma vieja práctica de defecar en los campos. Se planteó la hipótesis de que las mujeres, en particular, encontrarían útiles las letrinas. Sin embargo, esta suposición fue completamente refutada. Las mujeres disfrutaron de su salida social al fresco de la mañana con la brisa que soplaba a través de los campos. Era un momento agradable para compartir y chismorrear. Una salida alegre que de otro modo no habría sido posible, ya que a las mujeres no se les permitía salir de sus casas.

En cuanto al uso de las letrinas que se habían construido en sus casas, era incomprensible para todos... hombres y mujeres... que el trabajo más sucio se hiciera en el recinto de su casa. La pregunta obvia que vino a la mente y que les hicimos a los dueños de casa fue: "¿Entonces por qué aceptaron la oferta de construir la letrina?" La respuesta fue unánime. "¿Cómo podíamos decir 'no' cuando la oferta fue hecha tan amablemente por nuestros huéspedes?"

Por lo tanto, el proyecto de letrinas sanitarias emprendido en 1958-59 fue un completo fracaso. Pero como todos los proyectos fallidos, proporcionó muchas lecciones importantes. ¿Hemos aprendido alguna lección de ese o de experiencias posteriores? Millones de letrinas se están construyendo actualmente bajo el *Swachh Bharat Abhiyaan* (SBA). ¿Se hará realidad el sueño de Gandhi de *swachh bharat*? Gandhi mismo había dado un ejemplo personal de limpiar su propia letrina y también de obligar a su esposa, Kasturba, a hacerlo, ya que imaginaba a *Sewagram* como un pueblo modelo. Gandhiji comentó: "Si no mantenemos limpios nuestros patios traseros, nuestra *Swaraj* (Libertad) tendrá un asco de gallina".

El *Swachh Bharat Abhiyaan* (SBA) se lanzó el 2 de octubre de 2014, aniversario del nacimiento de Gandhi. El objetivo era lograr el saneamiento universal y hacer que la India estuviera libre de defecación al aire libre para el 2 de octubre de 2019, el 150 aniversario del nacimiento de Mahatma Gandhi.

El objetivo era el saneamiento universal o la eliminación de desechos y poner fin a la defecación al aire libre para cumplir el sueño de Gandhi. A través de la iniciativa de construcción de sanitarios más grande del mundo, SBA, se han construido más de 95 millones de sanitarios en la India rural y urbana desde su lanzamiento.

Dado que este es el último año del programa (2 de octubre de 2019), es importante examinar sus resultados, no solo en términos de mejora del saneamiento y áreas libres de defecación, sino también en términos de su impacto en los brotes de enfermedades transmitidas por vectores como el dengue y el chikungunya y en los brotes de enfermedades diarreicas.

Utilizando datos del Programa Nacional de Vigilancia Integrada, Dandabathula et al., 2019 realizaron un análisis de los brotes de enfermedades diarreicas agudas (EDA) de 2010 a 2018 (1)·. El número de brotes de EDA por año en 2017 y 2018 fue menor que en cualquier año anterior. Las variaciones estacionales durante mayo-agosto representan el 55-60% de los brotes de EDA en cualquier año, pero en los años 2017 y 2018 fueron del 46%, significativamente menor que en otros años. Por lo tanto, este estudio muestra que la SBA tuvo un impacto en las enfermedades diarreicas.

El estatus socioeconómico y la educación de la madre están claramente asociados con la mayor incidencia de diarrea en niños pequeños. El saneamiento deficiente y las condiciones antihigiénicas son factores contribuyentes importantes para la enfermedad diarreica. Las medidas para la prevención de la enfermedad diarreica incluyen agua potable, lavado a presión y eliminación segura de excrementos, entre otras. El saneamiento deficiente, la falta de acceso a agua limpia y la mala higiene personal son responsables de las enfermedades diarreicas infantiles en la India. Abordar otros determinantes sociales, como el alivio de la pobreza y la educación de las mujeres, son medidas necesarias para mejorar la salud general y reducir la mortalidad por diarrea en los niños.

Gandhiji: Algunas reflexiones

Mi primer recuerdo de Gandhi es de cuando tenía cinco o seis años. Vivíamos en *Rawalpindi* (*Pindi*) en una casa dentro del campus del Hospital de Distrito donde trabajaba mi madre. Estaba a cargo de la sección de mujeres del hospital y era una de las dos mujeres médicos del distrito. Mi madre, la Dra. Basant Kumari, era la única médico del gobierno; la segunda, la Dra. Shakuntala, era médico privado.

Más allá del muro que delimitaba nuestra casa había una calle bordeada de bungalows. Cuando visitó Pindi, Gandhiji se alojó en uno de esos bungalows como invitado de una familia que eran sus fieles devotos. En una de esas visitas, mi madre me llevó con ella cuando fue a conocer a Gandhiji. Recuerdo una habitación bastante grande llena de varias personas, muchas de las cuales eran mujeres. Gandhiji era muy cariñoso. Me sentó en su regazo. Ojalá hubiera una fotografía para haber capturado ese momento tan especial. Mi madre, *Basant Kumari*, una devota de Gandhi, asistía regularmente a sus reuniones de oración en Nueva Delhi cuando era estudiante de medicina en el *Lady Hardinge Medical College*. Ella y algunos de sus amigos de ideas afines asistían juntos a estas reuniones. Entre ellos, se destacaba la Dra. *Susheela Nayyar*, que más tarde se dedicó al servicio de Gandhi mientras él vivió. Se la ve en muchas fotografías caminando con Gandhi.

Cuando Gandhi ya no estaba, entró en la política y fue nombrada Ministra de Salud en el Gabinete de la Unión. En 1939, acurrucada en el regazo de Sewagram, fundó el Instituto Mahatma Gandhi de Ciencias Médicas. Se mantuvo como directora del instituto hasta su muerte en 2001.

Durante ese período, visitó a mi madre algunas veces. A las estudiantes mayores las llamaban *bhainji* (hermana mayor). La Dra. *Susheela Nayyar* llamaba a mi madre *Basant bhainji*. La conocí un par de veces cuando vino a ver a mi madre en Nueva Delhi. De hecho, yo misma era estudiante de medicina en la misma facultad de medicina donde *Basant Kumari* y *Susheela Nayyar* habían estudiado muchos años antes.

Mi madre se casó en un pueblo del *Punjab*. A diferencia de todas las novias que se engalanaban con seda y joyas de oro, mi madre, una auténtica seguidora de Ghandi, llevaba un traje rojo *khadi* y se adornaba con flores en lugar de joyas de oro.

Gandhiji fue asesinado el 30 de enero de 1948. Nunca podré olvidar cómo lloró mi madre. Nunca la había visto llorar antes de esto. La Sra. Sharma, nuestra vecina, también salió corriendo de su casa llorando amargamente. Estas mujeres sintieron que su padre se había ido, ya que el Padre de la Nación había fallecido.

Corregir distorsiones sistémicas antes de fallos catastróficos

P*hil McDuff*, que escribe para The Guardian y es claramente una persona con conciencia y alguien que escribe sin miedo sobre algunos problemas muy básicos que afligen a nuestra sociedad, ha escrito un artículo cuyo mensaje principal es muy significativo. Tiene un título que dice lo siguiente: "Acabar con el cambio climático requiere el fin del capitalismo. ¿Tenemos estómago para ello?". El autor dice con razón que los ajustes de política no son suficientes, tenemos que hacer todo lo posible para repensar por completo nuestra relación con la propiedad, el trabajo y el capital. No explica exactamente cómo podría funcionar en la práctica la cuestión de la propiedad relacionada con el trabajo y el capital si tuviéramos que lidiar con el creciente desafío del cambio climático.

McDuff se refiere al movimiento, iniciado por la joven sueca de 16 años, *Greta Thunberg*, que exige que los estudiantes de todo el mundo se queden fuera de clase y se manifiesten a favor de la acción contra el cambio climático. Menciona con razón que los niños de hoy, a medida que adquieran mayor conciencia política, serán mucho más radicales que sus padres, simplemente porque no tendrán otra opción. Esto es cierto, porque sabemos que el cambio climático va a presentar riesgos mucho mayores en el futuro y quienes sean adolescentes o tengan poco más de 20 años y, por supuesto, aquellos mucho más jóvenes, enfrentarán graves problemas como resultado del cambio climático inducido por el hombre, algo de lo que las generaciones anteriores han sido responsables. Uno podría incluso argumentar que hasta aproximadamente los años 1980, había muy poca conciencia sobre las causas del cambio climático como resultado de las acciones humanas, pero no hay absolutamente ninguna excusa ni escapatoria al hecho de que hoy sabemos cuáles son las razones del cambio climático y el hecho de que nuestra persistencia con los combustibles fósiles y el patrón de crecimiento económico y desarrollo que hemos extendido por todo el mundo están realmente causando estragos en el sistema climático y, por lo tanto, en las vidas de los jóvenes que están con nosotros hoy y de los que vendrán en el futuro.

McDuff cree que ahora mismo podemos, con un esfuerzo de inversión masivo para 2030, mantener el nivel de calentamiento por debajo de 1,5°C. Cree que se trata de un territorio malo pero manejable. Sin embargo, si no lo hacemos, entonces el mundo seguramente cruzará barreras de temperatura severas que conducirían a resultados como un colapso de los ecosistemas en todo el mundo, una acidificación mucho mayor de los océanos, desertificación a gran escala y ciudades costeras inundadas hasta un punto en que se volverían totalmente inhabitables.

Cabe mencionar que, como se señala claramente en el Quinto Informe de Evaluación del IPCC, el 30% del bióxido de carbono emitido desde el comienzo de la industrialización ha ido a parar a los océanos, lo que ha elevado los niveles de acidificación en gran medida y tendrá obviamente un impacto en la vida y los ecosistemas marinos. Un mayor aumento de la acidificación sólo hará que el problema sea mucho más agudo. *McDuff* dice que simplemente tendremos que hacer todo lo posible para solucionar este problema, porque los ajustes de política como el impuesto al carbono realmente no servirán. Como se dijo anteriormente, lo que sugiere es que deberíamos reevaluar fundamentalmente nuestra relación con la propiedad, el trabajo y el capital. Cree que el impacto de una reconfiguración drástica de la economía industrial requiere cambios igualmente grandes en el estado del bienestar. Ingresos básicos, programas de obras públicas a gran escala... todo tiene que estar sobre la mesa para garantizar que los shocks sistémicos que se avecinan no dejen a vastas franjas de la población mundial hambrientas y desamparadas. Se refiere con gran relevancia a algo que surgió de una caricatura de *The New Yorker* en la que un hombre de traje, sentado en un paisaje postapocalíptico, le dice a su joven audiencia "sí, el planeta fue destruido, pero durante un hermoso momento en el tiempo creamos mucho valor para los accionistas".

Desafortunadamente, esto muestra exactamente lo que está mal en nuestro sistema, en el que los accionistas, que han estado a las órdenes del sistema económico actual, se han beneficiado en varios casos, pero han dejado al resto de la población completamente privada de los elementos básicos de la existencia que podrían proporcionar a los seres humanos al menos una forma de vida digna en varias partes del mundo.

McDuff afirma que muchos de los actuales huelguistas climáticos, inspirados y liderados por *Greta Thunberg*, ni siquiera tendrán 30 años cuando llegue la fecha límite de 1.5°C en 2030. Cree que nos están pidiendo que consideremos una pregunta simple:

¿Vale más el futuro que preservar nuestra reputación? ¿Cuál será nuestra respuesta a ellos? Un intelectual notable, *Nicholas Georgescu-Roegen*, dio un consejo profundo a los economistas con su declaración: "La cuestión es que, por los recursos in situ, no sólo las generaciones actuales sino también las futuras deberían pujar. Y como las generaciones futuras no pueden estar presentes ahora, debemos pujar en su lugar, un punto que nos lleva de nuevo al principio bioeconómico: la humanidad no debe descartar el futuro".

Es cierto que tenemos que echarle todo lo que tenemos en la cabeza al sistema económico actual. Pero cualquiera que sugiera que tenemos que volver a la ideología marxista o a la práctica del comunismo o, en este sentido, a la aplicación de medidas socialistas extremas, estaría sin duda equivocado. Entonces no seríamos capaces de encontrar soluciones que realmente mejoren la suerte de incluso aquellos a quienes están dirigidas, es decir, la gran cantidad de personas pobres en todo el mundo. Es en este sentido que tal vez lo que necesitamos es echarle todo lo que tenemos en la cabeza al sistema actual y asegurarnos de que ese sumidero tenga la forma y el estilo de lo que Gandhi predicó y en lo que creyó toda su vida. Gandhi criticó con razón la forma actual de propiedad del capital porque ciertamente exigía que los propietarios del capital asumieran la tutela, ya que en esencia lo gestionaban en nombre de la sociedad en general. También exigía que elaboráramos un sistema de ciencia económica más humano que se centrara esencialmente en los sectores más desfavorecidos y menos privilegiados de la sociedad.

En cierta medida, podemos considerar sistemas económicos como los que prevalecen en los países nórdicos o, en realidad, incluso una sociedad opulenta como la de Suiza, donde el concepto de Gandhi de que el *panchayat* es en realidad una forma de república se ve reflejado en lo que ha evolucionado hasta convertirse en el sistema de cantones de Suiza. Es bien sabido que Suiza es un estado federal poco estructurado y que el cantón, en el nivel más básico de la base, tiene los medios para gobernar, los recursos que se necesitan movilizar para apoyar una gran cantidad de actividades y un cierto nivel de autonomía que brinda libertad a los ciudadanos de un cantón en particular. Es bien sabido que los cantones no sólo tienen infraestructuras que están a la altura de la modernidad y la sofisticación tecnológica, sino que también, en varios casos, cuentan con universidades y otras instituciones que prosperan y son solicitadas por estudiantes no sólo de Suiza, sino de otras partes del mundo.

Lo que necesitamos urgentemente, dada la gravedad del cambio climático, es un reordenamiento completo del sistema, al que *McDuff* se ha referido en términos de propiedad, trabajo, mano de obra y los elementos básicos que conectan a todos estos elementos. Lo más importante es que, si queremos introducir una forma de ilustración gandhiana en el sistema económico actual, tendremos que asegurarnos de que los seres humanos moderen sus demandas de una manera que refleje claramente las externalidades impuestas, por ejemplo, sobre el medio ambiente y la naturaleza, pero también externalidades de varios otros tipos. Un sistema de este tipo garantizaría una forma de gobernanza mucho más armoniosa en lo que respecta a los recursos naturales y los ecosistemas y también un sistema de gobierno mucho más equitativo.

De lo anterior se desprende que es absolutamente esencial que se produzca un cambio estructural importante, casi de dimensión tectónica, si queremos asegurar que la sociedad humana no desarrolle los defectos que hemos estado viendo en la existencia durante demasiado tiempo. También es esencial asegurar que los bienes comunes globales, en particular los impactos del cambio climático y la pérdida de biodiversidad y servicios ecosistémicos no sufran un deterioro como el que hemos visto en las últimas décadas. Hay dos áreas en particular que merecen una consideración detallada para asegurar que avanzamos lo más rápidamente posible hacia un modelo de desarrollo gandhiano, en particular en lo que se refiere a una población creciente de seres humanos en este planeta. Es importante recordar lo que dijo Gandhi sobre la cuestión de si la India debería llegar a ser tan próspera como Gran Bretaña. Cuando le preguntaron si la India quería alcanzar el mismo nivel de prosperidad que Gran Bretaña, respondió: "¿Cuántos planetas necesitaría un país como la India?".

Sería útil realizar una evaluación de lo que implica el cambio climático y lo que sería necesario como parte del Acuerdo de París sobre el cambio climático para cumplir con el límite de 1.5°C, que ahora está siendo evaluado como quizás el resultado más deseable por el IPCC en su Informe Especial de 2018. Sin embargo, es importante volver a un Informe Especial sobre eventos extremos y desastres, que fue publicado por el IPCC en 2011. Este informe, en varios aspectos, cambió las reglas del juego porque se alejó de la falacia de un aumento lento y constante de las temperaturas y el calentamiento que se produce en una tendencia constante y gradual en respuesta al cambio climático inducido por el hombre. Ese informe especial nos dijo en términos muy claros que el resultado del cambio climático inducido por el hombre sería un aumento en la frecuencia e intensidad de los eventos extremos. El impacto de los eventos extremos, así como la forma en que degradarían y destruirían los ecosistemas de la Tierra, además de representar un peligro creciente para la sociedad humana, es algo que debe prevenirse a toda costa. Y hoy vemos el desastre y la destrucción a nuestro alrededor con la creciente ferocidad de estos eventos extremos.

Nos gustaría referirnos al Resumen para los responsables de las políticas del Informe especial sobre 1.5°C, cuyas principales afirmaciones se ofrecen en el Anexo II. Tal vez sería útil proporcionar un breve resumen y una visión general de esas principales afirmaciones para darnos una base para la diferencia entre un límite de temperatura de 1.5°C antes de finales de siglo frente a 2.0°C, en relación con el período preindustrial. Hasta ahora se ha estimado que las actividades humanas causan aproximadamente 1.0°C de calentamiento global por encima de los niveles preindustriales. Si las tendencias actuales continúan, es probable que alcancemos 1.5°C entre 2030 y 2052. Esto significa claramente que, si no se adoptan medidas de mitigación adicionales, seguramente superaremos los 1.5°C a mediados de este siglo y eso puede llevarnos a un aumento de la temperatura media sustancialmente superior a los 2°C a finales de siglo.

También es necesario especificar que los riesgos relacionados con los impactos del cambio climático, en particular en lo que respecta a los sistemas naturales y humanos, serán mucho mayores con un calentamiento global de 2°C y tal vez menores que con uno de 1.5°C. Por supuesto, existen diversos factores que influyen en la magnitud y la tasa del calentamiento, pero no se puede obviar el hecho de que habría riesgos crecientes de naturaleza desproporcionada a medida que el calentamiento se prolongue durante un lapso de tiempo mayor. Por ejemplo, las diferencias entre estos dos niveles de aumento de temperatura se darían en relación con los extremos de calor en la mayoría de las regiones habitadas, las fuertes precipitaciones en varias regiones y la probabilidad de sequía y déficit de precipitaciones en algunas regiones; cabe señalar que, en algunas partes del mundo, incluso podríamos ver fenómenos de precipitaciones extremas y sequías en el mismo lugar.

También se prevé que el aumento medio global del nivel del mar será alrededor de 0.1 metros menor con un calentamiento global de 1.5°C en comparación con uno de 2°C. Por supuesto, el IPCC nos ha advertido hace tiempo que el nivel del mar seguirá aumentando mucho más allá de 2100 y que mucho dependerá del aumento de las futuras trayectorias de emisiones. También es importante señalar que un ritmo más lento de aumento del nivel del mar permitiría mayores oportunidades de adaptación en los sistemas humanos y ecológicos de las islas pequeñas, las zonas costeras bajas y, en particular, los deltas, que en varias partes del mundo contienen la mayor concentración de población que se encuentra en las llamadas megaciudades de este planeta.

También se proyecta que la pérdida y extinción de especies será menor con un aumento de 1.5°C en comparación con 2°C. Por lo tanto, necesariamente habrá menores impactos en los ecosistemas terrestres, de agua dulce y costeros y esto garantizaría que conservemos más de sus servicios a la sociedad humana de lo que sería el caso de otra manera. Limitar el calentamiento global a 1.5°C en comparación con 2°C también reducirá los aumentos en la temperatura del océano, así como los aumentos asociados en la acidez del océano y esto disminuiría los niveles de oxígeno en el océano. En consecuencia, se proyecta que limitar el aumento de temperatura a 1.5°C para fines de siglo reducirá los riesgos para la biodiversidad marina, la pesca y los ecosistemas; sus funciones y servicios a los humanos, como lo ilustran los cambios recientes en el hielo marino del Ártico y los ecosistemas de arrecifes de coral de aguas cálidas que también proporcionarían resultados mucho más satisfactorios.

También es importante examinar las proyecciones de los riesgos relacionados con el cambio climático para la salud, los medios de vida, la seguridad alimentaria mundial, el suministro de agua, la seguridad humana en general y el crecimiento económico. Estos riesgos ciertamente aumentarían con un calentamiento global de 2°C y se diferenciarían aún más de los valores asociados con 1.5°C. Las necesidades de adaptación serían mucho menores para un calentamiento global de 1.5°C en comparación con un calentamiento global de 2°C. Como se señaló en el Quinto Informe de Evaluación del IPCC, existen límites a la adaptación y la capacidad de adaptación para algunos sistemas humanos y naturales con un calentamiento global de 2°C, con las pérdidas asociadas. El número y la disponibilidad de opciones de adaptación varían según el sector.

Ahora es imperativo que se adopte un estilo de vida y desarrollo al estilo de Gandhi si no queremos enfrentar el desastre de un cambio climático descontrolado. Todas las vías que limiten el calentamiento global a 1.5°C con un sobre calentamiento limitado o nulo requerirían el uso de la eliminación de dióxido de carbono (CBR) en el orden de 100 a 1,000 gigatoneladas a lo largo del siglo XXI. La CBR se utilizaría para compensar las emisiones residuales y, en la mayoría de los casos, lograr emisiones netas negativas para que el calentamiento global vuelva a 1.5°C después de un pico. El despliegue de la CBR de varios cientos de gigatoneladas de CO_2 está sujeto a múltiples restricciones de viabilidad y sostenibilidad.

Las estimaciones de los resultados de las emisiones globales de las ambiciones de mitigación actuales declaradas a nivel nacional, tal como se presentaron en el marco del Acuerdo de París, llevarían a emisiones globales de gases de efecto invernadero (GEI) en 2030 de 52 a 58 gigatoneladas de CO_2 equivalente por año (Gt CO_2 eq. por año). Las trayectorias que reflejen estas ambiciones no limitarían el calentamiento global a 1.5°C, incluso si se complementaran con aumentos muy desafiantes en la escala y la ambición de la reducción de emisiones después de 2030. Por lo tanto, es urgente y esencial que reduzcamos las emisiones en el corto plazo inmediato. En el Cuarto Informe de Evaluación del IPCC, se demostró que incluso para limitar el aumento de la temperatura a alrededor de 2°C, tendríamos que asegurar que las emisiones de GEI alcancen su punto máximo a más tardar en 2020 y, por lo tanto, tendrían que disminuir rápidamente a partir de entonces.

La sociedad humana tiene una ventana de oportunidad única por la cual podemos asegurar que las emisiones alcancen su punto máximo a más tardar en 2020 y luego una disminución rápida de tal manera que para 2030, el calentamiento global se reduzca a 1.5°C. En 2030, podremos lograr una trayectoria que nos permita garantizar que el aumento de la temperatura no supere los 1.5°C en 2040. Esto nos daría una probabilidad mucho mayor de estabilización en ese nivel de 1.5°C si lo alcanzamos en 2040 en lugar de en 2050. En lo que respecta a los servicios ecosistémicos y los beneficios que la naturaleza proporciona a la sociedad humana y a todas las especies vivas, necesitamos recurrir al Resumen para los responsables de las políticas de la evaluación de 2019 de la IPBES. Algunas de las declaraciones principales de ese informe se incluyen como Anexo III. Pero sería útil revisar el eje principal de las conclusiones de ese informe en particular.

En primer lugar, como se dijo, la naturaleza tiene diferentes conceptos para diferentes personas, incluida la biodiversidad, los ecosistemas, la madre tierra, los sistemas de vida y otros conceptos analíticos.

Cuando se trata de tratar a la Madre Tierra como la fuente de todos los servicios y beneficios que todas las especies vivientes reciben en el planeta Tierra, tenemos que mirar la antigua creencia de los pueblos indígenas de América Latina, que se refieren a la tierra como *Pacha Mama*. Eso significa básicamente que la tierra es nuestra madre y, por lo tanto, es la fuente de todo lo que obtenemos en forma de beneficios, en forma de lo que nos da vida y lo que sostiene la vida durante un lapso de tiempo a medida que avanzamos en la vida. Tanto la naturaleza como las contribuciones de la naturaleza a las personas son vitales para la existencia humana y una buena calidad de vida, que básicamente implica vivir en armonía con la naturaleza, vivir en equilibrio y armonía con la Madre Tierra y otros conceptos analíticos. Si bien ahora se suministran más alimentos, energía y materiales que nunca a las personas en la mayoría de los lugares, esto se hace cada vez más a expensas de la capacidad de la naturaleza para proporcionar tales contribuciones en el futuro. La biosfera, de la que la humanidad depende por completo, está siendo alterada a un nivel sin precedentes en todas las escalas espaciales. La biodiversidad –la diversidad que define a las diferentes especies y se distribuye entre especies y ecosistemas– está disminuyendo mucho más rápido que en cualquier otro momento de la historia humana.

La evaluación plantea que la naturaleza es esencial para la existencia humana y una buena calidad de vida. La mayoría de las contribuciones de la naturaleza a las personas no son totalmente reemplazables y algunas, por supuesto, son totalmente irreemplazables. También es cierto que las contribuciones de la naturaleza a las personas a menudo se distribuyen de manera desigual en el espacio y el tiempo y entre los diferentes segmentos de la sociedad. Las acciones humanas están amenazando a la mayoría de las especies con la extinción global ahora más que en el pasado. A nivel mundial, las variedades y razas locales de plantas y animales domesticados están desapareciendo. La pérdida de diversidad, incluida la diversidad genética, plantea un grave riesgo para la seguridad alimentaria mundial al socavar la resiliencia de muchos sistemas agrícolas a amenazas como las plagas, los patógenos y el cambio climático.

También es importante señalar la gestión de la naturaleza por parte de los pueblos indígenas y las comunidades locales, que, lamentablemente, se encuentra bajo una presión cada vez mayor. Estas comunidades tienen una gran experiencia que se extiende a lo largo de miles de años y, por lo tanto, están totalmente en sintonía con lo que realmente sustentaría a la naturaleza y cómo podrían ser capaces de gestionarla de manera efectiva. La naturaleza es esencial para lograr los Objetivos de Desarrollo Sostenible (ODS). Sin embargo, teniendo en cuenta que los ODS son integrados e indivisibles, porque así es como han sido diseñados, es necesario implementarlos a nivel nacional. Las tendencias negativas actuales en materia de biodiversidad y ecosistemas socavarán el progreso hacia el 80%, es decir, 35 de los 44 objetivos o metas evaluados relacionados con la pobreza, el hambre, la salud, el agua, las ciudades, el clima, los océanos y la tierra. En otras palabras, la naturaleza es absolutamente crucial para darnos la base sobre la cual podríamos emprender acciones a través de medidas humanas que garantizarían el cumplimiento de los ODS tal como se especifican. Existen objetivos sociales, entre ellos los relacionados con la alimentación, el agua, la energía, la salud y el logro del bienestar humano para todos, la mitigación y adaptación al cambio climático, y la conservación y uso sostenible de la naturaleza. Estos objetivos pueden lograrse de manera sostenible mediante la rápida y mejorada implementación de los instrumentos de política existentes y nuevas iniciativas que involucren de manera más eficaz la acción individual y colectiva para lograr un cambio transformador.

Estos pueden lograrse en vías sostenibles mediante el despliegue rápido y mejorado de los instrumentos de política existentes y nuevas iniciativas que involucren de manera más efectiva la acción individual y colectiva para un cambio transformador.

El término clave que debemos considerar aquí es el requisito esencial del cambio transformador. Si queremos cumplir algunos de los objetivos que garantizarían la sostenibilidad durante un lapso de tiempo, entonces el cambio que se requeriría tiene que ser transformador y urgente en todos los sentidos del término. También debemos incorporar el estilo de vida gandhiano porque científicamente la IPBES ha descubierto que las transformaciones hacia la sostenibilidad son más probables cuando los esfuerzos se dirigen a los siguientes puntos clave donde los esfuerzos producen efectos excepcionalmente grandes. Estos se relacionan con: 1) visiones de una buena vida; 2) consumo total y desperdicio; 3) valores y acción; 4) desigualdades; 5) justicia e inclusión en la conservación; 6) externalidades y teleacoplamientos; 7) tecnología, innovación e inversión, y 8) educación y generación y compartición de conocimientos.

Cada uno de ellos tiene un papel crucial que desempeñar para garantizar que logremos un cambio rápido y transformador que cubra cada uno de estos aspectos por los cuales la sociedad humana está convencida y motivada a implementar medidas que aseguren niveles apropiados de transformación si tenemos que cumplir con la sostenibilidad establecida en los ODS. En otras palabras, un cambio rápido y masivo hacia la visión gandhiana de la vida nos daría una oportunidad para un futuro sostenible.

También es importante recordar que alimentar a la humanidad y mejorar la conservación y el uso sostenible de la naturaleza son objetivos complementarios e interdependientes que pueden promoverse mediante sistemas agrícolas, acuícolas y ganaderos sostenibles, la protección de especies, variedades, razas y hábitats nativos, y la restauración ecológica. La naturaleza sustenta esencialmente la calidad de vida al proporcionar el soporte vital básico para la humanidad, así como bienes materiales e inspiración espiritual. Gandhi y su visión de la vida encarnan cada uno de estos y, lo que es más importante, se basa esencialmente en lo que podríamos interpretar como inspiración espiritual. Las contribuciones de la naturaleza también son en gran medida importantes para la salud humana y su deterioro, por lo tanto, amenazaría una buena calidad de vida.

En la actualidad, la humanidad ejerce una influencia global dominante sobre la vida en la Tierra y ha provocado el deterioro de los ecosistemas terrestres, de agua dulce y marinos naturales. Por esta razón, se ha utilizado el término antropoceno para indicar claramente que la era geológica en la que vivimos, aunque mucho más corta que los períodos geológicos del pasado, está dominada esencialmente por las actividades humanas, tal como se connota en el término antropoceno. La tasa mundial de extinción de especies ya es al menos entre 10 y 100 veces superior a la tasa media de los últimos 10 millones de años y, por desgracia, se está acelerando. Por tanto, en general, si tenemos que reducir los riesgos y minimizar el deterioro de los estilos de vida y la calidad de vida, entonces resulta absolutamente esencial que produzcamos una transformación importante en las tendencias y prácticas actuales, porque sólo sobre esa base podemos garantizar una reducción integral de todas las condiciones que contribuyen actualmente, no sólo a los riesgos crecientes de los impactos del cambio climático, sino también a la disminución de los servicios ecosistémicos que afectan a los ecosistemas, a la sociedad humana en su conjunto y a todas las especies del planeta Tierra.

Hickel ha planteado la opinión de que el crecimiento no puede ser verde. Cree que el crecimiento verde es una falacia y se refiere al hecho de que muchos analistas y responsables de las políticas sostienen que todo lo que tenemos que hacer es invertir en tecnología más eficiente e introducir los incentivos adecuados y entonces podremos seguir creciendo al mismo tiempo que reducimos nuestro impacto en el mundo natural, que, según él, ya está en un nivel insostenible. Muestra este enfoque como uno que probablemente apunta a la disociación absoluta del PIB del uso total de los recursos naturales. Cree que, si bien esto puede parecer una solución elegante, por lo demás es un problema catastrófico.

Según él, nuevas pruebas sugieren que el crecimiento verde no es la panacea que todos han estado esperando. De hecho, ni siquiera es posible. Luego analiza escenarios de futuro en los que cree que si, digamos, el crecimiento económico continuara en su trayectoria actual, aumentando aproximadamente entre un dos y un tres por ciento anual, entonces el consumo humano de recursos naturales, incluidos peces, ganado, bosques, metales, minerales y combustibles fósiles, aumentaría de 70 mil millones de toneladas métricas por año en 2012 a 180 mil millones de toneladas métricas por año en 2050. Cree que, para un nivel sostenible de uso de recursos, tendríamos que apuntar a alrededor de 50 mil millones de toneladas métricas por año, un límite que de hecho se superó en el año 2000.

Luego examina varios escenarios para el futuro y supone un impuesto que elevaría el precio global del carbono de 50 a 236 dólares por tonelada métrica y entonces podríamos evaluar las innovaciones tecnológicas que duplicarían la eficiencia con la que usamos los recursos. El análisis que cita en realidad indica que la economía mundial crecerá, digamos, un 3% anual, pero que en realidad alcanzaríamos los 95 mil millones de toneladas métricas de uso de recursos para 2050. Por lo tanto, cree que simplemente establecer un impuesto al carbono no va a dar como resultado con la suficiente rapidez una disociación de la economía con respecto al uso de recursos. Incluso examina un escenario con un precio del carbono que asciende a la friolera de 573 dólares por tonelada métrica de impuesto aplicado a un impuesto a la extracción de recursos y asumiendo una rápida innovación tecnológica impulsada por un fuerte apoyo gubernamental.

Todo esto en conjunto, cree, todavía llevaría a alcanzar los 132 mil millones de toneladas métricas en 2050. Cree que este resultado sería mucho peor que los otros dos estudios anteriores debido a lo que él llama el efecto rebote. Esto significa que las mejoras en la eficiencia de los recursos harían bajar los precios y provocarían un aumento de la demanda, anulando así algunas de las ganancias. Este es un tema que los investigadores han planteado durante bastante tiempo porque creen que podría haber un efecto neto en términos de aumento en el uso de recursos simplemente porque el precio de las alternativas podría bajar con la imposición de un impuesto sobre el material o los insumos que estamos tratando de alcanzar. Como resultado, podríamos tener un aumento sustancial en la demanda, lo que claramente frustra el propósito.

Hickel cree que al poner fin al crecimiento, no necesariamente tenemos que reducir los niveles de vida. En cierto sentido, parafrasea lo que dijo Gandhi sobre que el mundo tiene lo suficiente para satisfacer las necesidades de todos, pero no para satisfacer la codicia de nadie. Hickel cree que el planeta nos proporciona más que suficiente para todos. El problema es que los recursos no se distribuyen de manera equitativa. Por lo tanto, cree de manera altruista que la vida de las personas podría mejorar si compartiéramos los recursos de la Tierra en lugar de saquearlos.

George Monbiot, un distinguido columnista de The Guardian, capaz de pensar profundamente sobre cuestiones que realmente definen a la sociedad humana y los desafíos que enfrenta, ha escrito un interesante artículo titulado "Mientras continúe el crecimiento económico, nunca abandonaremos nuestro hábito de los combustibles fósiles". En cierto sentido, plantea el mismo argumento que *Hickel* porque dice que, por primera vez en la historia, la producción de petróleo está a punto de alcanzar los 100 millones de barriles por día. También se pregunta por qué la industria petrolera espera que la demanda aumente hasta la década de 2030. Cree que la respuesta está en el crecimiento. Puede que haya más vehículos eléctricos en las carreteras del mundo, pero también hay más motores de combustión interna. Esta es una realidad, que lamentablemente está afectando a los países en desarrollo mucho más de lo que se ha registrado en los últimos años en el mundo desarrollado. La tasa de crecimiento de la demanda de automóviles, en particular de vehículos todoterreno, está en su nivel más alto en la mayor parte del mundo en desarrollo, ya sea China, India, México o los países del sudeste asiático.

Monbiot cree que lo que es particularmente importante es que, con una economía en crecimiento, el dinero que genera estimula la industria con alto contenido de carbono. Cualquiera que trabaje en este campo conoce a empresarios ambientales, eco-consultores y gerentes de empresas verdes que utilizan sus ingresos para pagar vacaciones en lugares distantes del mundo y los vuelos necesarios para llegar allí. Los vehículos eléctricos han impulsado una nueva fiebre, en particular por el litio. Como se sabe ahora, la batería de iones de litio es el componente principal de los vehículos eléctricos y, por lo tanto, la demanda de litio seguirá aumentando mientras esa batería en particular sea el pilar de los vehículos eléctricos. *Monbiot* está particularmente preocupado por la expansión de los aeropuertos porque cree que, independientemente de la disponibilidad y el costo de los vuelos, los utilizan desproporcionadamente los ricos, ya que son personas que tienen sus reuniones de negocios en Nueva York, sus segundas residencias en la Toscana y el dinero para pagar las vacaciones de invierno al sol. Sin embargo, los impactos, que incluyen el ruido, la contaminación de varios tipos y los efectos del cambio climático, recaen sobre los pobres en forma desproporcionada. *Monbiot* ve una luz al final del túnel cuando se refiere a *Jacinda Ardern*, la Primera Ministra de Nueva Zelanda, a quien se le ha citado diciendo: "Ya no será suficiente decir que una política es exitosa porque aumenta el PIB si también degrada el medio ambiente físico".

La cuestión importante es si realmente estamos preparados para cambiar nuestra medida del progreso económico, que se basa exclusivamente en el PIB, a algo que tenga en cuenta los impactos sobre el medio ambiente como tal.

Como alguien que viene de los medios de comunicación, *Monbiot* también dice que, tomados en su conjunto, los medios de comunicación son una amenaza para la humanidad. Dice hablar en nuestro nombre, pero o bien habla en contra nuestra o bien no habla en absoluto.

Por lo tanto, se pregunta si debemos romper el silencio, por incómodos que nos haga sentir a nosotros y a los demás. Según él, deberíamos hablar de los grandes temas innombrables, no sólo del colapso del sistema climático, sino también del crecimiento y el consumismo. Cree que necesitamos crear un espacio político en el que las partes bien intencionadas puedan actuar. Termina diciendo que hagamos realidad un mundo mejor. Esto, en gran medida, concuerda con lo que Gandhi siempre creyó. No podemos modelar nuestro crecimiento económico en diferentes partes del mundo sobre la base de lo que se ha logrado en los países industrializados que esencialmente marcaron el comienzo de la Revolución Industrial. Por lo tanto, realmente necesitamos examinar los fundamentos del desarrollo humano y el modelo mediante el cual expandimos nuestra economía. Esto requeriría casi una base espiritual mediante la cual redujéramos nuestra demanda, redujéramos el materialismo y nos alejáramos de lo que hemos visto como el modelo en el crecimiento pasado del sistema económico. Al mismo tiempo, debemos asegurarnos de que haya un aumento de la eficiencia en el uso de los recursos en todo lo que producimos y consumimos, y de que haya equidad en la distribución de los ingresos y la riqueza.

Todo esto significa realmente que necesitamos lograr un cambio rápido hacia Gandhi. Las medidas a medias no van a funcionar, porque tenemos un problema grave en términos de los grandes impactos que las actividades humanas están produciendo en los ecosistemas de esta tierra, en el creciente desafío del cambio climático, la pérdida de biodiversidad y la degradación de los ecosistemas en la mayor parte del mundo. Es lamentable que quienes practican y practican la economía neoclásica, algunos de los cuales son extremadamente distinguidos e incluso han ganado el Premio Nobel de Economía, sigan pensando con anteojeras.

La opinión que se plantea a menudo es que si, por ejemplo, fijáramos nuestros límites en un calentamiento de 1.5°C para fines de este siglo, entonces el costo para la economía sería tan enorme que el empobrecimiento que se produciría como resultado haría que ese límite fuera totalmente inaceptable. Sin embargo, creo que es necesario recordar a estos economistas el hecho de que los impactos desiguales del cambio climático, de la degradación de los ecosistemas y los riesgos que el cambio climático plantearía a los sectores más vulnerables de la sociedad harían que los seres humanos estuvieran expuestos a dislocaciones e inestabilidad que, en todos los sentidos de la palabra, afectarán incluso a las regiones más prósperas del planeta.

A costa de repetir, hay que tener presente que el problema de los refugiados, que ha plagado a Europa y partes de América del Norte en los últimos años, sólo se verá exacerbado por los impactos del cambio climático, con la pérdida de biodiversidad, con el agotamiento de los recursos hídricos y de todos los medios básicos con los que incluso los más pobres de los pobres deben sobrevivir para mantener sus cuerpos y almas juntos. Desafortunadamente, los economistas neoclásicos simplemente no consideran el colapso de algunos de estos servicios ecosistémicos que son realmente de enorme valor para algunas de las sociedades más pobres de la Tierra. En consecuencia, la evaluación de los economistas neoclásicos, que pasa por alto por completo el daño y la degradación de los servicios ecosistémicos, proporciona un enfoque muy miope y de poca visión de futuro. Por lo tanto, debemos asegurarnos de que las políticas para cambiar, por ejemplo, a la visión de Gandhi sobre la existencia humana no estén dictadas por dólares y centavos, porque mientras estas ignoren y minimicen por completo el daño a los ecosistemas, el daño a los bienes comunes globales y los graves riesgos asociados con el cambio climático, la sociedad humana estará mucho peor que si moderáramos nuestras demandas y produjéramos un cambio hacia lo que podríamos llamar una forma de recrecimiento y no necesariamente decrecimiento. Se dirá más sobre esto en las siguientes páginas.

Stiglitz ha escrito recientemente un artículo muy importante en el que compara nuestra crisis actual con el equivalente a la Tercera Guerra Mundial. Se pregunta si en el momento de la Segunda Guerra Mundial, hubo alguna persona en los Estados Unidos que se preguntara si podíamos permitirnos esa guerra. Era claramente un caso que reflejaba la amenaza existencial de la Segunda Guerra Mundial, que habría envuelto a todas las naciones y todos los rincones de este planeta. Considera que el cambio climático es similar en su importancia y la amenaza que plantea a lo que realmente sucedió durante la Segunda Guerra Mundial. *Stiglitz* sostiene que, sin duda, podemos permitirnos afrontar la crisis climática con las políticas fiscales adecuadas y la voluntad colectiva.

También hace hincapié en el hecho de que, sobre todo, debemos afrontarla. Considera que nuestras vidas y nuestra civilización, tal como la conocemos, están en juego, al igual que lo estuvieron durante la Segunda Guerra Mundial. Dice que ya estamos sufriendo los costos directos de ignorar este problema, porque en los últimos años el país ha perdido casi el 2% del PIB en desastres relacionados con el clima, que incluyen inundaciones, huracanes e incendios forestales. El costo para nuestra salud de las enfermedades relacionadas con el clima apenas se está tabulando, pero él cree que también ascenderá a decenas de miles de millones de dólares. Por supuesto, no se menciona el número incontable de vidas perdidas.

Cree que pagaremos por el colapso climático de una manera u otra, por lo que tiene sentido gastar dinero ahora para reducir las emisiones en lugar de esperar hasta más adelante para pagar mucho más por las consecuencias. Entre ellas, por supuesto, estarían los principales impactos y riesgos asociados con el aumento del nivel del mar.

Es reconfortante ver que Stiglitz, un economista que siempre se ha adelantado a su tiempo, está adoptando una visión realmente apropiada de lo que significa el cambio climático para la sociedad humana y para todos los ecosistemas del planeta Tierra. También cree que, si la emergencia climática y la guerra contra ella se llevan a cabo de manera apropiada, entonces será bueno para la economía, al igual que la Segunda Guerra Mundial preparó el escenario para la era económica dorada de Estados Unidos, con la tasa de crecimiento más rápida de su historia en medio de una prosperidad compartida. Cree que el *Green New Deal*, que ahora se está discutiendo en el Congreso, estimularía la demanda asegurando que se utilicen todos los recursos disponibles y la transición a la economía verde probablemente marcaría el comienzo de un nuevo auge. Cree que el enfoque de Trump en las industrias del pasado, como el carbón, está estrangulando el paso mucho más sensato a la energía eólica y solar. Stiglitz cree que se crearán muchos más puestos de trabajo en energía renovable de los que perderíamos en el carbón.

Las opiniones de Stiglitz, tal como se exponen en este artículo, son realmente refrescantes porque dan sustancia a la tesis transmitida en estas páginas de que en realidad no nos referimos al decrecimiento, sino al recrecimiento. Esto, por supuesto, se vuelve totalmente relevante para un país como la India y muchos otros países en desarrollo porque la mayor parte de la población todavía vive en áreas rurales. Sin embargo, los países en desarrollo han seguido más o menos el camino del mundo desarrollado al establecer grandes ciudades y áreas que albergan a varios millones de sus habitantes, que naturalmente brindan empleos y oportunidades de empleo, simplemente porque la mayor parte de los recursos de estos países se destinan al desarrollo urbano. Eso genera actividades industriales en estas áreas y la provisión de la infraestructura que genera empleo para quienes migran a estos centros urbanos desde las áreas rurales.

Parece que tal vez el recrecimiento que se propone en la tesis transmitida en estas páginas que abraza la filosofía original de Gandhi, es una cuestión que requiere una reflexión deliberada y cuidadosa. Al igual que en el período de la Revolución Industrial en los países desarrollados, la urbanización fue el puntal básico sobre el que se llevó a cabo la industrialización. Lo que necesitamos considerar ahora es un enfoque que esencialmente reduce la urbanización como una forma atractiva de actividades económicas, pero esencialmente dispersa la población urbana y la traslada a las áreas rurales. En efecto, con las tecnologías de que disponemos hoy, incluido el acceso a Internet y el desarrollo del transporte público en las zonas rurales, es perfectamente posible que adoptemos un enfoque regional que contenga planes y estrategias tanto para el desarrollo urbano como para el desarrollo rural complementario. Esto creará puestos de trabajo, no sólo en las zonas urbanas, sino también en las zonas rurales. Por tanto, ahora tenemos que considerar no sólo los centros urbanos y lo que representan en términos de oportunidades de inversión y crecimiento de la infraestructura y el empleo, sino adoptar una visión mucho más integrada mediante la cual todo el interior rural que presta servicio y trabaja con las zonas urbanas pueda considerarse como una unidad para atraer inversiones, generar empleo y garantizar una calidad de vida saludable que mantenga a las poblaciones rurales ancladas en sus lugares originales, en lugar de que un gran número de personas se traslade a los barrios marginales de las ciudades, lo que implica un estado de vida absolutamente miserable y una calidad de vida en deterioro.

Por lo tanto, sería útil observar cómo se están moviendo las tendencias demográficas incluso en el mundo desarrollado. Hasta cierto punto, las tendencias que vemos que comienzan ahora son en cierto sentido una justificación de lo que dijo Gandhi sobre la civilización occidental, preguntándose si en el futuro preguntarían "¿Qué hemos hecho?"

****

Anticipando los impactos del cambio climático

por

Dr. Ash Pachauri

Un llamado a la acción para lograr una gestión de residuos segura y sostenible mediante el autocuidado

Aunque la práctica del autocuidado se remonta a las épocas en que las comunidades tradicionalmente se cuidaban a sí mismas utilizando variedades de medicamentos preparados a partir de hierbas, raíces y plantas naturales, así como partes de animales, el concepto de autocuidado en sí mismo no fue reconocido oficialmente por la Organización Mundial de la Salud (OMS) hasta la década de 1980. La OMS define el autocuidado como "las actividades que los individuos, las familias y las comunidades realizan con la intención de mejorar la salud, prevenir enfermedades, limitar las enfermedades y restablecer la salud". Estas actividades se derivan de los conocimientos y habilidades de la experiencia tanto profesional como no profesional. En 2016, la OMS adoptó el Marco de servicios de salud integrados y centrados en las personas, que define el autocuidado como "colocar a las personas y las comunidades, no a las enfermedades, en el centro de los sistemas de salud y empoderar a las personas para que se hagan cargo de su propia salud en lugar de ser receptores pasivos de los servicios" (1). La literatura sugiere claramente que el autocuidado seguirá cobrando importancia, especialmente porque se lo considera un enfoque clave para alcanzar la cobertura sanitaria universal (CSU) (2) (3).

Reconociendo el creciente papel y la importancia de las intervenciones de autocuidado, la OMS elaboró y lanzó recientemente directrices normativas sobre el autocuidado (4). Esto se hizo con la visión de apoyar a los países con una orientación basada en la evidencia y centrada en la persona a lo largo del ciclo de vida sobre intervenciones de autocuidado para la salud.

Estas directrices deben adaptarse para satisfacer las necesidades únicas de diferentes poblaciones en diversos contextos sociales, económicos y culturales. Dada la visión de la OMS sobre el autocuidado para lograr la cobertura sanitaria universal, que se reconoce como una plataforma unificadora para avanzar en el Objetivo de Desarrollo Sostenible (ODS) 3 para la salud, es imperativo que el propio sistema de autocuidado sea sostenible, ya que aborda las necesidades futuras (5). A medida que reduzcamos la dependencia de los sistemas basados en hospitales y mejoremos nuestra dependencia de los centrados en la persona, respaldados por la tecnología, y a medida que más servicios sean adoptados exclusivamente por personas no expertas en las comunidades y los hogares, necesitaremos un enfoque multisectorial que considere todas las facetas del sistema de autocuidado (6).

Para que el sistema de autocuidado sea sostenible, deberá abordar los patrones cambiantes de consumo de autocuidado, desarrollar métodos de producción más eficientes y adoptar técnicas seguras de gestión de residuos, al tiempo que previene el desperdicio. En la actualidad, las prácticas inadecuadas de gestión de los residuos sanitarios ponen a más de la mitad de la población mundial en riesgo de sufrir amenazas ocupacionales, ambientales y de salud pública (7). Lo que añade un sentido de urgencia a la cuestión son las implicaciones del creciente desperdicio de productos de cuidado personal, que es múltiple y se ha pasado por alto en gran medida hasta ahora. Además, a diferencia de los residuos generados en los centros sanitarios, la gestión de los residuos de productos de cuidado personal sigue sin estar regulada.

Un famoso y antiguo proverbio zen dice: "Se necesita un hombre sabio para aprender de sus errores, pero un hombre aún más sabio para aprender de los errores de los demás". Debemos aprender de la experiencia pasada y de las valiosas lecciones que ofrecen otros campos. La promesa de energía limpia de los paneles solares hecha hace más de 40 años abogaba por una tecnología solar "limpia". En ese momento, no consideramos su gestión de la etapa de fin de vida. Hoy en día, la gestión insegura de los desechos de la tecnología solar nos pone en riesgo de desastres ambientales y sanitarios, especialmente en los países más pobres –entre ellos Ghana, Nigeria, Vietnam, India, Pakistán y Bangladesh– donde se vierten muchos de los desechos solares compuestos de cadmio, plomo y otras toxinas cancerígenas (8). Este es solo un ejemplo, entre muchos, de nuestra incapacidad para tener en cuenta el fin de la vida útil o la eliminación de los productos cuando los promocionamos con las buenas intenciones de proteger el bienestar de las comunidades, y especialmente, de los más vulnerables.

En palabras de Gandhi, "Como seres humanos, nuestra grandeza no radica tanto en ser capaces de rehacer el mundo... como en ser capaces de rehacernos a nosotros mismos". Con poco más de una década disponible antes de que el mundo evalúe su éxito en la consecución de la cobertura sanitaria universal y los ODS, existe una necesidad crítica de crear respuestas sostenibles para una mejor salud, especialmente para las comunidades más vulnerables y marginadas. Los costos de la inacción amenazan la existencia de nuestro planeta y la salud de las generaciones futuras.

Este es un llamado urgente a la acción consciente de múltiples actores que trabajan en diferentes niveles para comprender las implicaciones de la gestión de residuos en materia de sostenibilidad y desempeñar roles individuales e interdependientes para facilitar el desarrollo de programas para promover la gestión segura y sostenible de los residuos para el autocuidado.

Referencias

1. OMS | ¿Qué son los servicios de salud integrados centrados en las personas?
2. Servicio WHOHE. Educación para la salud en el autocuidado: posibilidades y limitaciones. 1984
3. Levin LS, Idler EL. Autocuidado en la salud. Annu Rev Public Health. 1983;4(1):181–201.
4. OMS | Guía consolidada de la OMS sobre intervenciones de autocuidado para la salud: salud y derechos sexuales y reproductivos.
5. OMS | Principios básicos de la OMS para lograr una gestión segura y sostenible de los residuos sanitarios: Documento de políticas.
6. Pachauri A, Shah P, Almroth BC, Sevilla NPM, Narasimhan M. Gestión segura y sostenible de los residuos de productos de autocuidado. BMJ. 1 de abril de 2019;365:11298.
7. Harhay MO, Halpern SD, Harhay JS, Olliaro PL. Gestión de residuos sanitarios: un problema de salud pública desatendido y creciente en todo el mundo. Trop Med Int Health. 1 de noviembre de 2009;14(11):1414–7.
8. Shellenberger, M. Si los paneles solares son tan limpios, ¿por qué producen tantos desechos tóxicos? Forbes 2018, 23 de mayo.

Recuperado de https://www.forbes.com/sites/michaelshellenberger/2018/05/23/if-solar-panels-are-so-clean-why-do-they-produce-so-much-toxic-waste/#35bfd4fa121c el 17 de octubre de 2019.

Cuando nos volvemos campesinos

Es totalmente cierto que incluso en los países desarrollados, las zonas rurales han sido en gran medida desatendidas y, en el caso de los EE.UU., por ejemplo, un gran número de granjas, en particular las que tienen grandes extensiones de tierra, son propiedad de agronegocios. Así que el resultado es que, si bien todas estas granjas han sido mecanizadas, han utilizado tecnologías que esencialmente desplazan la mano de obra. El resultado es que se han generado muy pocos empleos en las zonas rurales y, por lo tanto, hay una migración continua de personas que se mudan de las zonas rurales a las urbanas.

El Consejo Europeo de Relaciones Exteriores ha publicado un interesante comentario de Caroline de Gruyter titulado "La venganza del campo". Comienza con un alegato a favor de que Europa debe reducir la brecha entre las zonas urbanas y rurales, de lo contrario, los populistas radicales seguirán floreciendo en las comunidades desatendidas. La autora se refiere al voto por el Brexit que el pueblo británico parece haber favorecido de una manera que ha llevado a una grave crisis política en ese país. Se refiere al hecho de que la gente votó por salir de la Unión Europea (UE) por muchas razones. Pero es difícil evitar la sensación de que el resultado fue en parte impulsado por el deseo de asestar un golpe a la élite urbana y cosmopolita del Reino Unido. Ella sostiene que esta élite obviamente se ha beneficiado de la globalización, mientras que las perspectivas para las comunidades rurales han permanecido estancadas. En cierto sentido, el sistema de comercio internacional también se orienta a brindar prosperidad a los habitantes urbanos, y a menudo enriqueciendo a los que ya son prósperos y descuidando por completo a las poblaciones rurales que realmente no tienen riqueza ni niveles de ingresos que aseguren su plena participación en el comercio internacional. El autor también se refiere al problema de Bélgica, donde la región de Valonia es pobre y se siente abandonada. Fue en el siglo XIX cuando prosperaron las industrias mineras de acero y carbón de Valonia. Pero el resultado ha sido que las minas se cerraron después de la Segunda Guerra Mundial, y la región, por lo tanto, ha ido decayendo como resultado. En consecuencia, el desempleo es alto y generaciones de familias viven de subsidios gubernamentales. La brecha entre las comunidades urbanas y rurales se está ampliando en toda Europa, lo que cada vez causa más repercusiones políticas a nivel continental, según el autor. Como resultado, divide a los europeos, permite que los electorados vulnerables sean seducidos por los populistas y dificulta que la UE formule políticas comerciales y exteriores comunes. En Austria, por ejemplo, existe un vínculo directo entre la despoblación y el relativo abandono del campo. En general, el cuadro que ofrece el autor es el de áreas rurales abandonadas durante décadas. Como resultado de esto, la distribución desigual de la riqueza y las oportunidades de crecimiento no han hecho más que exacerbarse con el tiempo.

En el caso de los EE.UU., un artículo de Brookings publicado en 2018 se refiere al hecho de que los datos del censo publicados recientemente para los primeros siete años de la década indican una reanudación de la dispersión de la población que se suspendió durante buena parte del período posterior a la Gran Recesión. Las estimaciones indican una reactivación de la suburbanización y el movimiento hacia las áreas rurales junto con los cambios de población del cinturón de nieve al cinturón solar. El artículo también se refiere al hecho de que los datos muestran una nueva dispersión hacia áreas metropolitanas de tamaño grande y moderado en el centro del país, especialmente en el noreste y el medio oeste. Concluye que, si estos cambios continúan, podrían poner en tela de juicio la marcada concentración de la población del país en grandes áreas metropolitanas y ciudades, que claramente caracterizó la primera mitad de la década de 2010. El artículo también hace referencia al hecho de que la suburbanización está en aumento, a pesar de que a raíz de la recesión de 2008 que afectó a todas las partes del mundo, esta tendencia se mantuvo en suspenso. Sin embargo, las tendencias a lo largo de 2016 y 2017, como se muestra en la figura siguiente, parecen indicar algunos cambios en estas tendencias.

Figura 4

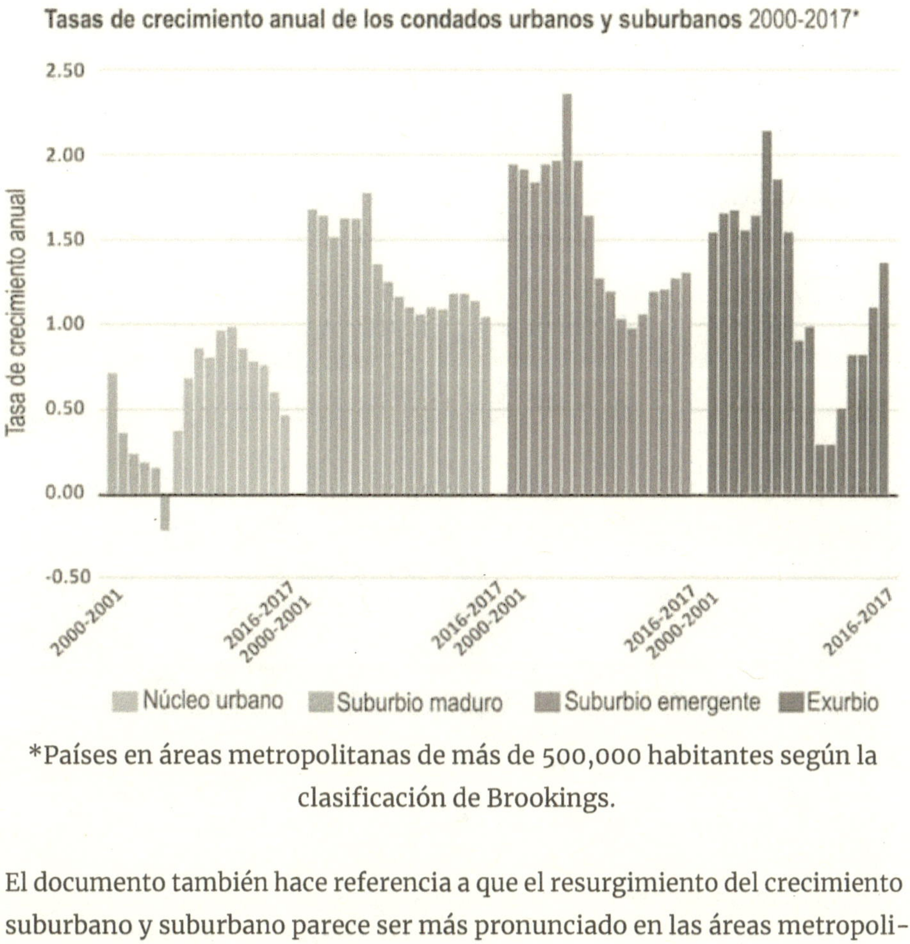

*Países en áreas metropolitanas de más de 500,000 habitantes según la clasificación de Brookings.

El documento también hace referencia a que el resurgimiento del crecimiento suburbano y suburbano parece ser más pronunciado en las áreas metropolitanas del cinturón solar. Si bien estas tendencias de suburbanización aún no han alcanzado los niveles de principios de la década de 2000, sí parecen estar asociadas con las recientes mejoras en la economía y el mercado inmobiliario que han eliminado claramente las limitaciones a la reubicación suburbana entre las mudanzas potenciales, incluidos, en particular, los hogares de adultos jóvenes de la generación del milenio. Por este motivo, el artículo concluye que hay motivos para creer que es probable que la tendencia continúe. También hay una clara indicación de que se está observando un cambio hacia áreas metropolitanas más pequeñas y condados fuera de las áreas metropolitanas. Esto se pone de manifiesto en la figura que se presenta a continuación.

Figura 5

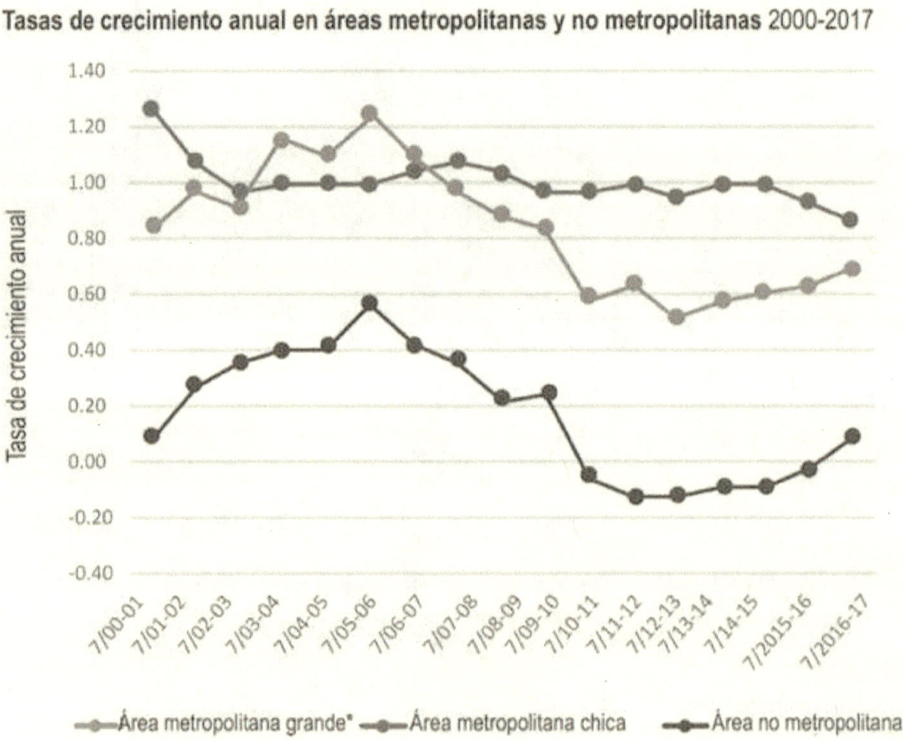

*Las áreas metropolitanas grandes tienen poblaciones superiores a 500,000 habitantes.

No cabe duda de que las grandes áreas metropolitanas siguen creciendo mucho más rápido que el resto del país, pero parece que las tendencias van en la dirección que nos recuerda a principios de los años 2000, cuando el crecimiento de las pequeñas áreas metropolitanas superaba al de las grandes áreas y el crecimiento de las áreas no metropolitanas era mucho mayor que el actual. El cambio hacia áreas más pequeñas es evidente en las estadísticas de migración interna, según el documento.

Un documento del Centro de Investigación Pew también ha analizado las tendencias de los últimos años que han reconfigurado la población general de Estados Unidos en términos de diversidad racial y étnica, aumento de la inmigración y aumento del número de adultos mayores. Concluye que el crecimiento reciente de la población estadounidense ha sido desigual. Los condados urbanos han crecido aproximadamente a la tasa nacional general del 13% desde el año 2000 y las áreas metropolitanas suburbanas y pequeñas han crecido a un ritmo más rápido. Según este documento, los condados rurales se han quedado rezagados y la mitad de ellos tienen menos habitantes ahora que en el año 2000. En cierto sentido, por tanto, la situación de los EE.UU. es paralela a la de Europa, porque es evidente que las zonas rurales no atraen, en modo alguno, movimientos de población debido a menores oportunidades de empleo, infraestructuras deficientes y toda una serie de otras condiciones que definen la calidad de vida. Lo que resulta especialmente pertinente es examinar las oportunidades que ofrecen las zonas rurales en vista de la tendencia en términos de crecimiento de las poblaciones urbanas y, si tuviéramos que evaluar las oportunidades de recuperación, evidentemente no habría, como ha señalado Stiglitz, ninguna razón para que el crecimiento en sí se detuviera. Pero lo que obtendríamos como resultado sería un crecimiento mucho más deseable y, sin duda, mucho más favorable a una calidad de vida mucho más alta.

En cierta medida, por tanto, tendríamos una gran cantidad de activos varados en las zonas urbanas del mundo desarrollado y, por tanto, la tendencia a desplazar poblaciones creando oportunidades de empleo e inversiones en infraestructura sería parte del esfuerzo de recuperación en las zonas rurales. Es posible que este proceso sea más lento que el que se produciría en los países en desarrollo.

Es cierto que, a los países en desarrollo, que todavía están en el proceso de establecer un modelo de crecimiento que defina el futuro, les resultaría mucho más eficaz y, en cierto sentido, mucho más fácil, poder crear empleo rural y oportunidades económicas. En cierto sentido, esto sería mucho más fácil que en el mundo desarrollado.

También hay que tener presente que para lograr este modelo de desarrollo se necesitaría un esfuerzo mucho mayor a favor del desarrollo integrado, en el que las zonas urbanas tendrían que considerarse como un todo complementario de las zonas rurales que están claramente vinculadas con las zonas urbanas que posiblemente sean hoy los principales centros de desarrollo económico y oportunidades de empleo. Ya se ha examinado un ejemplo de enfoque integrado en estas páginas, pero esto significa claramente que, si bien los municipios y los gobiernos locales en las zonas urbanas serían extremadamente importantes para trazar una estrategia para el futuro, la coordinación entre los municipios, así como entre los gobiernos locales en las zonas rurales, sería una parte importante de ese enfoque integrado. Esto significa necesariamente que habrá que encontrar mecanismos institucionales para aplicar un enfoque integrado. Lamentablemente, en el pasado, estas instituciones no han evolucionado realmente y, por lo tanto, no han sido eficaces a la hora de definir oportunidades que sean compatibles con este tipo de enfoque. Realmente, se necesitarían mecanismos de coordinación adecuados mediante los cuales pudiéramos adoptar un enfoque integrado y orientado a las zonas que incluyera tanto a las zonas urbanas como a las rurales, lo que, en gran medida, también sería muy útil para las zonas urbanas, porque es totalmente cierto que, en la actualidad, a muchas zonas urbanas les resulta muy difícil satisfacer la demanda de infraestructuras, el suministro de agua, electricidad, saneamiento y otras instalaciones, incluidos los beneficios ambientales. En consecuencia, un enfoque de zonas que también garantice que haya una despoblación de las zonas urbanas hacia las zonas rurales ayudaría incluso a la gobernanza de las zonas urbanas, que, durante algún tiempo, seguirían siendo el centro del enfoque integrado que se está defendiendo.

Está claro que no se puede lograr un cambio radical, que se necesita en esta etapa, a menos que se adopte un enfoque disruptivo del *status quo*. Hay demasiada inercia burocrática y política, que probablemente genere resistencia al cambio que realmente ayudaría al mundo a avanzar hacia un modelo sostenible de desarrollo y una mayor felicidad humana basada en los valores gandhianos. También es un hecho establecido que las políticas y los programas que las instituciones actuales aplican, por lo general tienen por objeto proteger los intereses de quienes forman parte del sistema. A principios de los años 80, Indira Gandhi, cuando era primera ministra de la India, no permitió el proyecto hidroeléctrico de *Silent Valley* en el estado de Kerala porque habría puesto en peligro, y posiblemente extinguido, una especie particular de primate, así como otras formas de biodiversidad. Este autor fue el presidente de un comité al que se le pidió que buscara lugares alternativos que pudieran permitir un proyecto energético similar al de *Silent Valley*. Durante la inspección de estos sitios alternativos, cuando un gran número de funcionarios de la empresa eléctrica estaban presentes, uno de ellos comentó al final de la visita: "Señor, por favor recomiende al menos un sitio porque de lo contrario todos nos jubilaremos como ingenieros ejecutivos". Las burocracias se han convertido en silos y los gerentes y funcionarios se han convertido esencialmente en individuos egoístas que naturalmente mantienen sus intereses profesionales como primordiales.

También hay intereses creados que rara vez permiten el cambio, simplemente porque puede ir en contra de sus propios intereses estrechos y de corto plazo. Hay informes de prensa que indican que el lobby de los combustibles fósiles ha gastado alrededor de mil millones de dólares para resistir cualquier acción para mitigar las emisiones de dióxido de carbono, y con ello retrasar la investigación y el desarrollo y la comercialización de sustitutos como las tecnologías de energía renovable.

Un enfoque disruptivo y de corto plazo podría tener el beneficio de un objetivo que se mueve rápidamente, lo que tal vez no permita la galvanización de la resistencia y una coalición de intereses creados que tratarían de frustrar la acción.

Por lo tanto, un cambio radical en los valores y prioridades de Gandhi sería mucho más eficaz que medidas graduales que pueden desaparecer antes de llegar a su culminación.

El descontento saludable es el preludio del progreso

Surge la pregunta de a qué se reduce todo esto. Obviamente, nos encontramos en una etapa en la que es necesario detener las tendencias desastrosas que nos rodean, ya que sus terribles consecuencias probablemente se verían en un corto lapso de tiempo. Una solución a esto sólo funcionaría si, como afirma McDuff, necesitamos hacer todo lo posible para solucionarlo, porque cree que los ajustes de política como el impuesto al carbono realmente no funcionarán. También afirmó que el impacto de una reconfiguración drástica de la economía industrial requiere cambios igualmente grandes en el estado del bienestar. En cierto sentido, esta visión concuerda con la propia interpretación de Mahatma Gandhi de lo que está mal en la sociedad humana en este momento.

La clara interpretación de Gandhi del hecho de que la no violencia es la única solución para algunos de los males de esta sociedad incluía una comprensión clara de que la manifestación del comportamiento violento se ve todos los días en la explotación de un grupo de individuos por otro. Es verdaderamente trágico que, incluso cuando se trata de librar guerras entre un país y otro, apenas haya un sentimiento de remordimiento, incluso cuando esas guerras conducen a un sufrimiento prolongado e indecible. Un ejemplode ello es la forma en que Estados Unidos llevó a cabo su guerraen Afganistán contra la ocupación soviética, para lo cual utilizó organizaciones terroristas y creó una importante fuerza terrorista llamada los talibanes.

Si observamos la guerra en Irak, claramente fue fabricada sobre la base de mentiras y falsedades, en las que Estados Unidos, al más alto nivel, declaró que necesitábamos lanzar esa guerra porque Irak poseía armas de destrucción masiva. Con el tiempo se hizo evidente que esa falsedad no tenía relación con la verdad, porque Irak ciertamente no tenía armas de destrucción masiva.

El resultado de esa guerra y la enorme perturbación que causó a la sociedad iraquí es lo que dio lugar al Estado Islámico (ISIS), que ha provocado atrocidades de la peor clase en varias partes del mundo.

Básicamente, lo que necesitamos es un cambio importante hacia la forma de pensar de Gandhi y, si uno pudiera describir tal cambio, tendría que ser de naturaleza tectónica. En otras palabras, tenemos que arrojar todo lo que podamos a la basura del sistema actual y asegurarnos de que produzcamos una cantidad sustancial de cambios en nuestro pensamiento, nuestros valores y el concepto mismo de crecimiento económico y desarrollo. La creencia de Gandhi se transmitió en sus palabras.

"Mi religión se basa en la verdad y la no violencia. La verdad es mi Dios. La no violencia es el mayor medio para realizarlo. Es la mayor fuerza a disposición de la humanidad. Es más poderosa que la más poderosa arma de destrucción ideada por el ingenio del hombre". También dijo: "En quien tiene *ahimsa* (no violencia) en él, se convierte en parte de su propia naturaleza. La no violencia perfecta es la mayor valentía. La conducta no violenta nunca es desmoralizante, la cobardía siempre lo es".

Si tenemos que lograr un cambio importante en los valores y creencias de la sociedad humana, entonces claramente esto es algo que no puede extenderse a lo largo del tiempo porque si así fuera, nos enfrentaríamos a un desastre y una catástrofe inevitables, que se apoderarían de cada parte de la sociedad humana y ciertamente de este planeta que es nuestro único hogar. Existe, por lo tanto, el imperativo de lograr un cambio importante en la manera en que vemos la felicidad, la manera en que buscamos la satisfacción personal y la necesidad de establecer ciertas barreras de seguridad que no nos aventuremos a cruzar durante un período de tiempo para que los actos de violencia que vemos a nuestro alrededor no sigan siendo parte del comportamiento humano. Desde el advenimiento de la industrialización hemos visto la marcha inexorable de los acontecimientos y los deseos humanos que nos han llevado a una etapa en la que todas las formas y medios de desarrollo y crecimiento económico se centran en un modelo único.

El énfasis de Gandhi en la gobernanza en el nivel más bajo, cuando habló de los *Panchayats*, que en la India son las organizaciones de base en las aldeas, fue claramente diseñado para alejarse de este modelo único de desarrollo o de una monocultura de urbanización y familias nucleares. Estos son claramente inadecuados para la práctica de la no violencia y están orientados esencialmente hacia las necesidades materiales y su satisfacción combinadas con la tendencia a la urbanización. Estos han sido introducidos por los países industrializados de Occidente con la consecuencia de crecientes disparidades en los ingresos y la riqueza que claramente son una fuente de importantes trastornos sociales e inestabilidad en varias partes del mundo. En 2019 se han producido una serie de manifestaciones y protestas en países que van desde Chile hasta el Líbano y Francia, en las que los que están en el último peldaño de la escala social están claramente muy resentidos por el hecho de que un grupo muy pequeño y privilegiado de personas posea activos y riquezas equivalentes a los de la gran mayoría de los pobres.

En este sentido, los informes de Oxfam son relevantes, porque han demostrado en forma progresiva cómo un pequeño número de personas parece estar acaparando ingresos y riquezas por encima de un número cada vez mayor de pobres en todo el mundo. Esto es algo que Gandhi veía claramente como una forma de violencia de un grupo contra el otro. Del mismo modo, no veía al capital como algo que pudiéramos eliminar, sino el mal que está asociado con el uso inequitativo del capital y su total falta de sensibilidad hacia el bienestar de las personas, que debe eliminarse. En el modelo que Gandhi defendía como un modelo que favorecía a la sociedad humana, los propietarios del capital deberían considerarse fideicomisarios en nombre del pueblo.

También vivimos en un mundo donde hay una pérdida masiva de biodiversidad, daños a los ecosistemas de la Tierra y, lo más importante, el problema del cambio climático inducido por el hombre. Todo ello hará que sea muy difícil para la generación más joven de hoy y para las que vengan después poder vivir con una sensación de seguridad.

Los riesgos asociados al cambio climático van a aumentar progresivamente con el tiempo y de manera desproporcionada, lo que haría extremadamente peligroso para la sociedad humana vivir en varias zonas, muchas de las cuales son muy vulnerables y, por desgracia, se encuentran en algunos de los países más pobres del mundo. Para hacer frente al cambio climático sería necesario un cambio importante hacia la filosofía gandhiana porque, a menos que se produzca un cambio importante en la forma en que vemos y visualizamos el crecimiento y el desarrollo, no es probable que seamos capaces, como se ha mencionado antes, de modificar el sistema actual y aportar soluciones al problema de los crecientes impactos del cambio climático. En este sentido, ha llegado el momento de que los seres humanos dejen de considerar el crecimiento del PIB como un evangelio y se aseguren de elaborar un conjunto de indicadores que reflejen con precisión el bienestar de la sociedad humana y que no nos hagan creer en ningún momento que el mero crecimiento del PIB es la clave de la existencia humana. Para ello, tendríamos que asegurarnos de que, por ejemplo, se eliminen lo antes posible los subsidios que tienen un efecto distorsionador sobre nuestro bienestar. En 2019, el Fondo Monetario Internacional (FMI) estimó que los subsidios a los combustibles fósiles son claramente asombrosos.

Por lo tanto, necesariamente tenemos que crear instituciones que garanticen un cierto nivel de equidad y justicia, pero que no nos permitan en modo alguno prolongar los sistemas con los que hemos estado midiendo el crecimiento económico y el desarrollo en el pasado. Los tributos de Gandhi a la naturaleza y su adoración a la naturaleza son totalmente apropiados en términos de que todos los seres humanos puedan tener acceso a la belleza de la naturaleza. Esto claramente está en una enorme diferencia con el atractivo de los bienes y servicios materiales que hemos anhelado desde el comienzo de la industrialización, y más particularmente desde el final de la Segunda Guerra Mundial.

El verdadero desafío es cómo podemos lograr este cambio tectónico hacia el modo de pensar de Gandhi. En primer lugar, tenemos en este planeta más de siete mil millones de personas cuyos deseos y preferencias colectivos apuntan esencialmente en la dirección de lo que ya ha sido establecido por los países industrializados. Sus valores, sus aspiraciones y sus deseos están dictados esencialmente por lo que ha ocurrido a lo largo de un siglo y medio de evolución de los valores humanos y lo que subyace a la actividad humana. Además de eso, tenemos el enorme poder de los intereses creados, simbolizado esencialmente por la enorme cantidad de gasto publicitario que se realiza a nivel mundial y que ha estado aumentando desde hace varias décadas.

El sistema económico que esencialmente incorpora la extensión de la publicidad, la promoción de nuevos bienes y servicios que se consideran como los caminos hacia la felicidad humana, necesita claramente ser cambiado y tendríamos que arrojar todo lo que podamos a esto también. ¿Cómo logramos este tipo de cambio?

Gandhi habría celebrado su 150 aniversario el 2 de octubre de 2019. Este es un momento propicio para que reflexionemos sobre la sabiduría y la verdad que este ser humano fue capaz de predicar sobre la base de lo que siempre practicó. Lo que se necesita hoy es quizás que los líderes de las diversas religiones comprendan por qué necesitamos cambiar de marcha y de dirección. Es alentador que el Papa Francisco haya estado por delante de la mayoría de los líderes religiosos y haya expresado con franqueza sus puntos de vista en defensa de una forma de vida mucho más sencilla, un respeto más profundo por la naturaleza y la necesidad de que cuidemos la creación que nos rodea. Sin embargo, este mensaje debe difundirse a otras religiones del mundo. También necesitamos, al menos, un grupo de líderes mundiales que estén dispuestos a nadar contra la corriente y a mostrarnos que, si no aceptamos la visión gandhiana y la incorporamos a nuestras vidas lo más rápidamente posible, entonces tendremos una miseria indescriptible y tal vez una catástrofe mucho más allá de nuestras expectativas en un corto lapso de tiempo.

Tenemos numerosas armas nucleares en distintos países del mundo y hasta ahora no se ha hecho ningún intento a nivel mundial de acabar con estas enormes fuentes de destrucción y otras armas que se utilizan en las formas convencionales de guerra.

¿Podemos difundir el mensaje y asegurarnos de que no se limite a lo que pudo hacer en vida, sino que vaya mucho más allá, porque es relevante hoy quizás mucho más que durante su vida? Por supuesto, hay políticos y líderes de extrema izquierda y extrema derecha que actualmente presentan sus credenciales como capaces de resolver los problemas del mundo. A menudo, las opiniones que representan son retrógradas y extremadamente limitadas en lo que representan.

La enorme respuesta de la derecha a la migración, que seguramente aumentará especialmente con las disparidades en los ingresos y los impactos del cambio climático, es una aberración que debe cortarse de raíz lo antes posible. Por supuesto, existe una gran preocupación por el capitalismo. Puede resultar útil recordar la cita que aparece en las primeras páginas de este trabajo: "Para acabar con el cambio climático es necesario acabar con el capitalismo. ¿Tenemos estómago para ello?". El capitalismo, tal como se practica, tiene, obviamente, un número cada vez mayor de distorsiones que deben eliminarse. Pero sugerir soluciones que se basen en formas extremas de capitalismo clientelista, socialismo o comunismo sería claramente muy perjudicial para la sociedad humana.

Para empezar, creo que tenemos que revisar todo el patrón de crecimiento urbanizado, que claramente es responsable de una gran cantidad de los males que vemos ante nosotros hoy. Por ejemplo, en lo que respecta a las emisiones de gases de efecto invernadero que resultan del cambio climático inducido por el hombre, alrededor de dos tercios de las emisiones globales totales emanan de las áreas urbanas. Además de eso, sabemos que el problema de las disparidades en los ingresos y la riqueza es esencialmente una parte del fenómeno urbano. Esto no quiere decir que las áreas rurales sean de algún modo más virtuosas y que no tendríamos disparidades de ingresos y riqueza allí. Después de todo, a lo largo de los siglos, ha habido terratenientes que han utilizado la mano de obra casi como si se tratara de mano de obra esclava. Pero en la época actual, en la que tenemos sistemas de gobierno y regulaciones esencialmente democráticos que establecen claramente algunos requisitos para la propiedad de la tierra, la forma en que se emplea la mano de obra y las diversas regulaciones que protegen a la mano de obra de diversas formas de explotación, pueden ser eficaces. La visión de Gandhi de generar desarrollo en las zonas rurales es quizás la acción más prudente que se puede adoptar si queremos provocar un cambio tectónico y una transformación de la sociedad actual.

Este enfoque también responde a algunas de las dudas que se están expresando abierta y ampliamente sobre la continuación del crecimiento económico en la forma en que hemos visto en las últimas décadas. Esencialmente, ahora somos conscientes de que la era de alto crecimiento económico, como fue el caso en varias naciones industriales, ha terminado. Por lo tanto, en lugar de embarcarnos en una fase de decrecimiento, como propugnan muchos economistas ecológicos y otros, lo que necesitamos es un proceso de recuperación, en el que las mismas regiones, las zonas rurales y las comunidades que se han visto desfavorecidas en el pasado requieran un cambio importante en las políticas que permitan lograr una recuperación centrada en esas zonas. Esto no sólo garantizaría que lográramos un proceso de crecimiento mucho más equitativo y equilibrado, sino también un período en el que aprovecháramos los recursos humanos y tecnológicos para afrontar algunos de los desafíos de las regiones que se han visto desatendidas durante muchas décadas en el pasado. También es esencial establecer medidas reglamentarias y legislativas que nos permitan crear instituciones a nivel de base, que estén empoderadas, que desarrollen la capacidad y el capital humano que les permita tomar decisiones por sí mismas en lugar de depender de las capas superiores. Un enfoque de arriba hacia abajo claramente no estaría en contacto con la voluntad y los deseos de la gente. Por lo tanto, necesitamos iniciar este período de recuperación y un cambio de prioridades que no continúe de ninguna manera con los enormes subsidios que, por ejemplo, la industria de los combustibles fósiles ha estado recibiendo durante demasiado tiempo, o, en realidad, el tipo de gasto en publicidad que la industria del tabaco puede exigir. Sería necesario adoptar políticas, medidas regulatorias y pasos legislativos muy claros para garantizar que se produzca este cambio hacia las zonas rurales y desfavorecidas que garantice un nuevo crecimiento en lugar de un período de nuevo crecimiento.

Como Gandhi era el Padre de la Nación para todos los indios, cualquier iniciativa para producir un cambio transformador tendría que surgir, con razón, en la India. Sin embargo, como nos enfrentamos a un desafío global, es absolutamente esencial que un grupo central de países forme parte de cualquier iniciativa que suponga un cambio radical del actual modelo de desarrollo hacia uno que tenga un gran contenido gandhiano. Para ello, tal vez la India tenga que convencer, para empezar, a los países BRICS (Brasil, Rusia, India, China y Sudáfrica). A ellos se podría añadir un país grande como Indonesia y un país importante de América Latina como México. Por lo tanto, el grupo BRICS podría ampliarse al IMBRICS, que incluye a Indonesia y México. Fue en 1947 cuando Gandhi y el Gobierno de la India, incluso antes de la Independencia, organizaron la Conferencia de Relaciones Asiáticas. Sería muy apropiado e importante llegar a una culminación de esfuerzos que finalice en 2022 para celebrar los 75 años desde la Conferencia de Relaciones Asiáticas. Las acciones que deben adoptarse de manera coordinada entre varios países deberían ser las siguientes:

1.Debemos deshacernos de la medida del PIB como valor comúnmente aceptado para medir el progreso humano. Esto es algo que el Secretario General de las Naciones Unidas debe considerar como su misión. Debería crear un grupo que no sólo elabore una medida precisa del bienestar y la salud humanos, sino que realmente haga esfuerzos por vender este concepto a todos los países del mundo. En este caso, nuevamente, la India tiene que encontrar una manera de convencer al Secretario General de la ONU del valor de tal iniciativa.

2.Lo que se necesita de inmediato es un precio al carbono. A pesar de la resistencia que existe en varias partes del mundo, en particular entre muchos países exportadores de petróleo, este sería un resultado muy difícil de lograr.

Pero, dada la atención que se presta actualmente a la gravedad del cambio climático, tal vez una Conferencia de las Partes en el marco de la CMNUCC sería el mejor lugar para iniciar un precio del carbono que sea uniforme en todo el mundo desarrollado, pero que tenga en cuenta la "responsabilidad común pero diferenciada" de los distintos países. La agrupación de IMBRICS podría sensibilizarse sobre este tema, aunque Rusia, como exportador de petróleo, puede mostrarse reacia a participar. Sin embargo, puede que no sea una tarea difícil si todos los demás países están dispuestos a avanzar en este tema y lograr la adopción de un precio del carbono.

3.Es necesario celebrar una Cumbre de la Juventud en 2021. Esta cumbre no tiene por qué celebrarse en un solo lugar, sino en diferentes partes del mundo, garantizando que los jóvenes no se limiten a protestar o manifestarse, sino que realmente actúen dentro de sus propias esferas de actividad e influencia. Se puede preparar un plan detallado para tal acción, posiblemente como parte del Movimiento POP (Protejamos Nuestro Planeta). Si nos fijamos sólo en las universidades de todo el mundo, la estimación del Movimiento POP es que más de 2 gigatoneladas de CO_2 son emitidas anualmente por universidades y colegios de todo el mundo. Si los jóvenes de las universidades y el personal docente se involucran, debería ser posible reducir estas emisiones en un 20% en un período de tres años.

4.Sería importante movilizar a los líderes de diferentes religiones para centrarse en el cambio climático. Inherentemente, cada escritura de cada religión destaca la necesidad de proteger la naturaleza y respetar la obra divina de nuestro Creador. Tal vez, una cumbre de líderes religiosos podría celebrarse en la tierra de Buda, en la India, donde el Papa Francisco podría ser invitado como convocante, junto con líderes del Islam, el hinduismo, el budismo, el sijismo, el jainismo, el judaísmo y otras religiones. Lo más conveniente hubiera sido convocar una cumbre de este tipo en el Vaticano, pero es posible que algunos líderes no estén dispuestos a acudir al Vaticano para un evento de esta naturaleza. Por lo tanto, un lugar neutral, que no tenga ningún atisbo de presencia religiosa, sería lo más apropiado, dado el hecho de que en la tierra de Buda casi no hay seguidores del budismo. Una cumbre de líderes religiosos podría convocarse allí sin ninguna reticencia por parte de los que van a ser invitados.

Hace poco, el presidente Gorbachov expresó su opinión de que, mientras existan armas de destrucción masiva en el mundo, viviremos tiempos peligrosos. El 75º aniversario de la Conferencia de Relaciones Asiáticas en 2022 será una ocasión para que los líderes del mundo se comprometan a reducir sus armas y marcar el comienzo de un período de paz. Después de todo, Gandhi equiparó la violencia con la expresión de la codicia y la avaricia, que se traduce en la multiplicación de nuestras necesidades materiales. Por lo tanto, si se reduce y se elimina la violencia, debería ser posible que respetemos la naturaleza, incluso resucitar la riqueza de la naturaleza y centrarnos en los valores que están en el corazón de la felicidad humana.

En todo este esfuerzo, un entendimiento entre la India y China sería de crucial importancia, no solo porque se trata de las naciones más pobladas del planeta, sino también porque China y la India representan civilizaciones antiguas que han sobrevivido durante varios siglos. Además, dado el poder del crecimiento económico de China y su posición como la segunda economía más grande del mundo, es esencial que participe en el movimiento hacia Gandhi. En cualquier caso, la filosofía de Gandhi se difunde de manera similar a la de los sabios chinos que se remontan a Confucio y *Lao Tse*.

Lo que se propone no es ciertamente una tarea sencilla, pero si consideramos la alternativa que implica "no hacer nada", entonces la elección se vuelve muy clara. Gandhi dijo con razón: "Una revolución violenta y sangrienta es una certeza algún día a menos que haya una abdicación voluntaria de las riquezas y el poder que las riquezas dan y se compartan en beneficio del bien común". De hecho, ya estamos viendo signos de rebelión en diferentes sociedades y comunidades, y estos solo aumentarán a medida que la complejidad de nuestra situación se vuelva mucho peor con el tiempo. Por lo tanto, el momento de actuar es ahora. Si posponemos la acción para una fecha posterior y si permanecemos ajenos a la catástrofe que enfrentaremos en el futuro y nuestros hijos y sus hijos sufrirán las consecuencias que son difíciles de comprender en este momento.

El 150 aniversario del nacimiento de Gandhi nos recuerda la dirección en la que debemos caminar, y hacerlo de inmediato.

Referencias seleccionadas

Dandabathula G, Bhardwaj P, Burra M, Rao PVVP, Rao SS. Impact assessment of India's Swachh Bharat Mission - Clean India Campaign on acute diarrheal disease outbreaks: Yes, there is a positive change. J Fam Med Prim Care. 2019 Mar;8(3):1202–8.

Galbraith, John Kenneth, 1908-2006. The Affluent Society. Boston: Houghton Mifflin, 1976.

Global Network on Energy for Sustainable Development (GNESD) – UNEP-CCC. (2019, May 15). UNEP-CCC. https://unepccc.org/project/global-network-on-energy-for-sustainable-development-gnesd/

Greater Good. How nature can make you kinder, happier, and more creative. (n.d.). Greater Good. https://greatergood.berkeley.edu/article/item/how_nature_makes_you_kinder_happier_more_creative

Groh, S. P. &. S. P. &. S. (2018). A critical review of modern approaches for multidimensional energy poverty measurement. *ideas.repec.org*. https://ideas.repec.org/a/bla/wireae/v7y2018i6ne304.html

Harhay MO, Halpern SD, Harhay JS, Olliaro PL. Health care waste management: a neglected and growing public health problem worldwide. Trop Med Int Health. 2009 Nov 1;14(11):1414–7.

Hickel, Jason (2019) "Degrowth: a theory of radical abundance", real-world economics review, issue no. 87, 19. March, pp 54-68.

International Labor Organization (ILO) Global Employment Trends 2014 – Risk of a jobless recovery? (ilo.org).

International Monetary Fund (IMF) Shang, D. C. W. P. L. (2019, May 2). *Global fossil fuel subsidies remain large: an update based on Country-Level estimates.* IMF. https://www.imf.org/en/Publications/WP/Issues/2019/05/02/Global-Fossil-Fuel-Subsidies-Remain-Large-An-Update-Based-on-Country-Level-Estimates-46509

Intergovernmental Panel on Climate Change (IPCC) Fourth Assessment Report (AR4) https://www.ipcc.ch/assessment-report/ar4/

Intergovernmental Panel on Climate Change (IPCC) Fifth Assessment Report (AR5) https://www.ipcc.ch/assessment-report/ar5/

Intergovernmental Panel on Climate Change (IPCC) Special Report on Climate Change and Land — IPCC site. (n.d.). Special Report on Climate Change and Land. https://www.ipcc.ch/srccl/

Intergovernmental Panel on Climate Change (IPCC) Special report on the Ocean and cryosphere in a changing climate —. (n.d.). Special Report on the Ocean and Cryosphere in a Changing Climate. https://www.ipcc.ch/srocc/

Intergovernmental Panel on Climate Change (IPCC) Summary for policymakers — Global warming of 1.5 OC. (n.d.). Global Warming of 1.5 °C. https://www.ipcc.ch/sr15/chapter/spm/

IPBES Report 2019 Global Assessment Report on Biodiversity and Ecosystem Services https://www.ipbes.net/global-assessment

Keynes, J. M. (1930). Economic possibilities for our grandchildren. In Essays in Persuasion

Levin LS, Idler EL. Self-Care in Health. Annu Rev Public Health. 1983;4(1):181–201.

McDuff, P. (2020, February 3). It's fashionable to be 'politically homeless'. But it's also callous and detached. *The Guardian*. https://www.theguardian.com/commentisfree/2019/dec/05/politically-homeless-austerity-election

MK Gandhi https://www.mkgandhi.org/articles/g_edu.htm

Monbiot, G. (2021, August 25). While economic growth continues we'll never kick our fossil fuels habit. *The Guardian*. https://www.theguardian.com/commentisfree/2018/sep/26/economic-growth-fossil-fuels-habit-oil-industry?CMP=share_btn_tw

Nuccitelli, D. (2021, August 25). Scientists warned the US president about global warming 50 years ago today. The Guardian. https://www.theguardian.com/environment/climate-consensus-97-per-cent/2015/nov/05/scientists-warned-the-president-about-global-warming-50-years-ago-today

Oxfam, *Annual Report 2019*. (2019, November 14). Oxfam. https://www.oxfamamerica.org/explore/research-publications/annual-report-2019/

Pachauri, S. (2011). Reaching an international consensus on defining modern energy access. *Current Opinion in Environmental Sustainability*, 3(4), 235–240. https://doi.org/10.1016/j.cosust.2011.07.005

Pachauri, S., & Spreng, D. (2011). Measuring and monitoring energy poverty. *Energy Policy*, 39(12), 7497–7504. https://doi.org/10.1016/j.enpol.2011.07.008

Pachauri A, Shah P, Almroth BC, Sevilla NPM, Narasimhan M. Safe and sustainable waste management of self care products. BMJ. 2019 Apr 1;365:l1298.

Pew Research Center https://www.pewresearch.org/

Practical Action. (2021, June 13). *Poor People's Energy Outlook 2012 - Practical Action*. https://practicalaction.org/knowledge-centre/resources/poor-peoples-energy-outlook-2012/

Project MUSE - Brookings Papers on Economic Activity-Fall 2018. (n.d.). https://muse.jhu.edu/issue/40841

POP Movement: www.thepopmovement.org

Richards, J. (2016, January 18). *George Bernard Shaw Poem, "We are the living graves of murdered beasts"* Humane Decisions. https://humanedecisions.com/george-bernard-shaw-poem-we-are-the-living-graves-of-murdered-beasts/

RK Pachauri www.rkpachauri.org

Report of the Education Commission (1964-66): Education and National Development https://archive.org/stream/ReportOfTheEducationCommission1964-66D.S.KothariReport/48.Jp-ReportOfTheEducationCommission1964-66d.s.kothari_djvu.txt

Service WHOHE. Health education in self-care: possibilities and limitations. 1984

Shellenberger, M. If Solar Panels Are So Clean, Why Do They Produce So Much Toxic Waste? Forbes 2018, May 23. Retrieved from https://www.forbes.com/sites/michaelshellenberger/2018/05/23/if-solar-panels-are-so-clean-why-do-they-produce-so-much-toxic-waste/#35bfd4fa121con October 17, 2019.

Stanford researchers find mental health prescription: Nature. (n.d.). Stanford University. https://news.stanford.edu/stories/2015/06/hiking-mental-health-063015

Stiglitz Report ec.europa.eu/eurostat/documents/8131721/8131772/Stiglitz-Sen-Fitoussi-Commission-report.pdf

SPI and ISEP Release Dataset Covering 10,000 Households and 2,000 Rural Enterprises | ISEP. (n.d.). https://sais-isep.org/news/spi-and-isep-release-dataset-covering-10000-households-and-2000-rural-enterprises/

United Nations University Return to Rural Communities: Resilience over Efficiency - Our World. (n.d.). https://ourworld.unu.edu/en/return-to-rural-communities-resilience-over-efficiency

WHO | What are integrated people-centred health services?

WHO | WHO consolidated guideline on self-care interventions for health: sexual and reproductive health and rights.

WHO | WHO core principles for achieving safe and sustainable management of health-care waste: Policy paper.

World Sustainable Development Forum (WSDF): www.worldsdf.org

World Wildlife Fund: Living Planet Report 2018 https://www.worldwildlife.org/publications/living-planet-report-2018

Anexo I

Extracto del discurso anual pronunciado por el presidente de la AIE en Luxemburgo del 4 al 7 de julio de 1988.

Un campo en el que nuestra profesión necesita hacer una entrada mucho más fuerte de lo que ha hecho hasta ahora es el de las cuestiones de interfaz entre energía y medio ambiente. Esto adquiere mayor importancia porque la interfaz ahora cubre una extensión mucho más amplia de lo que se creía anteriormente. No sólo los efectos ambientales directos de la energía, como la contaminación del aire y del agua y la lluvia ácida, son lo suficientemente graves como para merecer atención, sino que también existe ahora una base concreta para preocuparse por los efectos del uso y la producción de energía en el clima global. El efecto invernadero ya no es una teoría abstracta. Los científicos han generado suficientes datos para indicar que la concentración de dióxido de carbono en la atmósfera mundial ha aumentado de 275 ppmv· en el período anterior a 1850 a 345 ppmv en 1985 (Ramanathan, 1988). Las proyecciones para mediados del siglo XXI indican que este nivel aumentará a entre 400 y 600 ppmv para el año 2050. Con algunas excepciones (véase Ausubel y Nordhaus, 1983), pocos economistas han estudiado el uso de la energía y las proyecciones de CO_2, y mucho menos el impacto de estas proyecciones de CO_2 en la actividad económica. Está más allá de la capacidad, y ciertamente más allá de la esfera legítima de responsabilidad, de los economistas examinar los fenómenos físicos o meteorológicos que vinculan los niveles de dióxido de carbono con el cambio climático. Otras disciplinas y centros de investigación en varias partes del mundo están investigando activamente estos acontecimientos. Pero corresponde a los economistas de la energía destacar los impactos a largo plazo de la combustión generalizada e intensiva de combustibles fósiles en una variedad de actividades económicas. Para hacerlo, sería necesario desarrollar algunos modelos conceptuales nuevos. Pero podemos posponer un interés más profundo en el tema sólo con el riesgo de seguir siendo insulares y miopes. Los cambios climáticos ya están generando graves problemas entre los trópicos, en forma de frecuentes sequías e inundaciones, y una de las causas más importantes es la deforestación masiva. Los impactos económicos directos de las sequías e inundaciones en el mundo en desarrollo ya son sustanciales. La erosión del suelo en la cuenca del Ganges en la India, por ejemplo, hace que se arrastren y viertan al océano 6,000 millones de toneladas de tierra vegetal anualmente. En la India en su conjunto, se calcula que alrededor de 15,000 millones de toneladas de tierra se erosionan y se vierten al océano Índico anualmente (Pachauri, 1987). Si se le asignara un valor de mercado a esta cantidad, tal vez estemos perdiendo unos 10,000 millones de dólares al año en tierra vegetal, lo que pone en peligro las propias medidas de crecimiento económico anual que se obtienen mediante las estadísticas de ingresos nacionales, que quedarían eclipsadas por la reducción de la riqueza natural que se produce anualmente a través de esos procesos.

- ***ppmv** significa partículas por millón en un volumen dado.*

Anexo II

Calentamiento global de 1.5°C Informe especial del IPCC sobre los impactos de un calentamiento global de 1.5°C por encima de los niveles preindustriales y las correspondientes trayectorias de emisión de gases de efecto invernadero a nivel mundial, en el contexto del fortalecimiento de la respuesta mundial a la amenaza del cambio climático, el desarrollo sostenible y los esfuerzos para erradicar la pobreza.

Declaraciones principales

A. Entender el calentamiento global de 1.5°C

A1. Se estima que las actividades humanas han causado aproximadamente 1.0°C de calentamiento global por encima de los niveles preindustriales, con un rango probable de 0.8°C a 1.2°C. Es probable que el calentamiento global alcance los 1.5°C entre 2030 y 2052 si continúa aumentando al ritmo actual (nivel de confianza alto).

A.2. El calentamiento provocado por las emisiones antropogénicas desde el período preindustrial hasta el presente persistirá durante siglos o milenios y seguirá provocando más cambios a largo plazo en el sistema climático, como el aumento del nivel del mar, con sus impactos asociados (nivel de confianza alto), pero es poco probable que estas emisiones por sí solas provoquen un calentamiento global de 1.5°C (nivel de confianza medio).

A3. Los riesgos relacionados con el clima para los sistemas naturales y humanos son mayores con un calentamiento global de 1.5°C que en la actualidad, pero menores que con un calentamiento de 2°C (nivel de confianza alto). Estos riesgos dependen de la magnitud y la tasa de calentamiento, la ubicación geográfica, los niveles de desarrollo y vulnerabilidad, y de las opciones de adaptación y mitigación elegidas y aplicadas (nivel de confianza alto).

B. Cambio climático proyectado, impactos potenciales y riesgos asociados

B1. Los modelos climáticos proyectan diferencias sólidas en las características climáticas regionales entre el calentamiento actual y el calentamiento global de 1.5°C y entre 1.5°C y 2°C. Estas diferencias incluyen aumentos en: la temperatura media en la mayoría de las regiones terrestres y oceánicas (nivel de confianza alto), extremos cálidos en la mayoría de las regiones habitadas (nivel de confianza alto), precipitaciones intensas en varias regiones (nivel de confianza medio) y la probabilidad de sequía y déficit de precipitaciones en algunas regiones (nivel de confianza medio).

B2. Para 2100, se proyecta que el aumento medio global del nivel del mar será alrededor de 0.1 metros menor con un calentamiento global de 1.5°C en comparación con 2°C (nivel de confianza medio). El nivel del mar seguirá aumentando mucho más allá de 2100 (nivel de confianza alto), y la magnitud y la tasa de este aumento dependen de las futuras trayectorias de emisiones. Un ritmo más lento de aumento del nivel del mar permite mayores oportunidades de adaptación en los sistemas humanos y ecológicos de las islas pequeñas, las zonas costeras bajas y los deltas (nivel de confianza medio).

B3. En tierra, se prevé que los impactos sobre la biodiversidad y los ecosistemas, incluida la pérdida y extinción de especies, serán menores con un calentamiento global de 1.5°C en comparación con 2°C. Se prevé que limitar el calentamiento global a 1.5°C en comparación con 2°C reducirá los impactos sobre los ecosistemas terrestres, de agua dulce y costeros y conservará más de sus servicios a los seres humanos (nivel de confianza alto).

B4. Se prevé que limitar el calentamiento global a 1.5°C en comparación con 2°C reducirá los aumentos de la temperatura oceánica, así como los aumentos asociados de la acidez oceánica y las disminuciones de los niveles de oxígeno oceánico (nivel de confianza alto). En consecuencia, se prevé que limitar el calentamiento global a 1.5°C reducirá los riesgos para la biodiversidad marina, la pesca y los ecosistemas, y sus funciones y servicios a los seres humanos, como lo ilustran los cambios recientes en el hielo marino del Ártico y los ecosistemas de arrecifes de coral de aguas cálidas (nivel de confianza alto).

B5. Se proyecta que los riesgos relacionados con el clima para la salud, los medios de vida, la seguridad alimentaria, el suministro de agua, la seguridad humana y el crecimiento económico aumentarán con un calentamiento global de 1.5°C y aumentarán aún más con un aumento de 2°C.

B6. La mayoría de las necesidades de adaptación serán menores para un calentamiento global de 1.5°C en comparación con un aumento de 2°C (nivel de confianza alto). Existe una amplia gama de opciones de adaptación que pueden reducir los riesgos del cambio climático (nivel de confianza alto). Existen límites a la adaptación y la capacidad de adaptación de algunos sistemas humanos y naturales con un calentamiento global de 1.5°C, con pérdidas asociadas (nivel de confianza medio). La cantidad y la disponibilidad de opciones de adaptación varían según el sector (nivel de confianza medio).

C. Trayectorias de emisiones y transiciones de sistemas compatibles con un calentamiento global de 1.5°C

C1. En las trayectorias modelo sin sobrepasar o con un sobrepasar limitado los 1.5°C, las emisiones netas antropogénicas globales de CO_2 se reducen en aproximadamente un 45% con respecto a los niveles de 2010 para 2030 (rango intercuartil del 40 al 60%), y alcanzan el cero neto alrededor de 2050 (rango intercuartil 2045-2055). Para limitar el calentamiento global a menos de 2°C, se proyecta que las emisiones de CO_2 se reduzcan en aproximadamente un 20% para 2030 en la mayoría de las trayectorias (rango intercuartil del 10 al 30%) y alcancen el cero neto alrededor de 2075 (rango intercuartil 2065-2080). Las emisiones distintas del CO_2 en las trayectorias que limitan el calentamiento global a 1.5°C muestran reducciones profundas que son similares a las de las trayectorias que limitan el calentamiento a 2°C (nivel de confianza alto).

C2. Las vías que limiten el calentamiento global a 1.5°C sin sobrepasar el límite o con un sobrepasamiento limitado exigirían transiciones rápidas y de gran alcance en los sistemasenergéticos, de tierras, urbanos y de infraestructura (incluidos el transporte y los edificios) e industriales (nivel de confianza alto). Estas transiciones de sistemas no tienen precedentes en términos de escala, pero no necesariamente en términos de velocidad, e implican profundas reducciones de emisiones en todos los sectores, una amplia cartera de opciones de mitigación y un aumento significativo de las inversiones en esas opciones (nivel de confianza medio).

C3. Todas las vías que limitan el calentamiento global a 1.5°C con un sobreimpulso limitado o nulo proyectan el uso de la eliminación de dióxido de carbono (CDR) del orden de 100 a 1,000 $GtCO_2$ durante el siglo XXI. La CDR se utilizaría para compensar las emisiones residuales y, en la mayoría de los casos, lograr emisiones netas negativas para que el calentamiento global vuelva a 1.5°C después de un pico (nivel de confianza alto). El despliegue de CDR de varios cientos de $GtCO_2$ está sujeto a múltiples restricciones de viabilidad y sostenibilidad (nivel de confianza alto). Las reducciones significativas de las emisiones a corto plazo y las medidas para reducir la demanda de energía y tierra pueden limitar el despliegue de CDR a unos pocos cientos de $GtCO_2$ sin depender de la bioenergía con captura y almacenamiento de carbono (BECCS) (nivel de confianza alto).

D. Fortalecimiento de la respuesta mundial en el contexto del desarrollo sostenible y los esfuerzos para erradicar la pobreza

D1. Las estimaciones de los resultados de las emisiones globales de las ambiciones de mitigación actuales declaradas a nivel nacional, presentadas en el marco del Acuerdo de París, darían lugar a emisiones globales de gases de efecto invernadero en 2030 de 52 a 58 $GtCO_2eq$ año-1 (nivel de confianza medio). Las trayectorias que reflejen estas ambiciones no limitarían el calentamiento global a 1.5°C, incluso si se complementaran con aumentos muy ambiciosos en la escala y la ambición de las reducciones de emisiones después de 2030 (nivel de confianza alto). Evitar el exceso y la dependencia de la futura implementación a gran escala de la eliminación del dióxido de carbono (CDR) solo se puede lograr si las emisiones globales de CO_2 comienzan a disminuir mucho antes de 2030 (nivel de confianza alto).

D2. Los impactos evitados del cambio climático en el desarrollo sostenible, la erradicación de la pobreza y la reducción de las desigualdades serían mayores si el calentamiento global se limitara a 1.5°C en lugar de 2°C, si se maximizan las sinergias de mitigación y adaptación y se minimizan las compensaciones (nivel de confianza alto).

D3. Las opciones de adaptación específicas para los contextos nacionales, si se seleccionan cuidadosamente junto con las condiciones propicias, tendrán beneficios para el desarrollo sostenible y la reducción de la pobreza con un calentamiento global de 1.5°C, aunque es posible que se produzcan concesiones recíprocas (nivel de confianza alto).

D4. Las opciones de mitigación compatibles con las trayectorias de 1.5°C están asociadas con múltiples sinergias y concesiones recíprocas en los Objetivos de Desarrollo Sostenible (ODS). Si bien el número total de sinergias posibles supera el número de concesiones recíprocas, su efecto neto dependerá del ritmo y la magnitud de los cambios, la composición de la cartera de mitigación y la gestión de la transición (nivel de confianza alto).

D5. Limitar los riesgos del calentamiento globalde 1.5°C en el contexto del desarrollo sostenible y la erradicación de la pobreza implica transiciones del sistema que pueden ser posibles mediante un aumento de las inversiones en adaptación y mitigación, los instrumentos de política, la aceleración de la innovación tecnológica y los cambios de comportamiento (nivel de confianza alto).

D6. El desarrollo sostenible apoya, y a menudo facilita, las transiciones y transformaciones fundamentales de los sistemas y las sociedades que ayudan a limitar el calentamiento global a 1.5°C. Esos cambios facilitan la búsqueda de vías de desarrollo resilientes al clima que logren una mitigación y adaptación ambiciosas junto con la erradicación de la pobreza y los esfuerzos para reducir las desigualdades (nivel de confianza alto).

D7. El fortalecimiento de las capacidades de acción climática de las autoridades nacionales y subnacionales, la sociedad civil, el sector privado, los pueblos indígenas y las comunidades locales puede respaldar la implementación de acciones ambiciosas que implica limitar el calentamiento global a 1.5°C (nivel de confianza alto). La cooperación internacional puede proporcionar un entorno propicio para que esto se logre en todos los países y para todas las personas, en el contexto del desarrollo sostenible. La cooperación internacional es un facilitador crítico para los países en desarrollo y las regiones vulnerables (nivel de confianza alto).

Anexo III

Resumen para los responsables de las políticas del informe de evaluación mundial sobre la diversidad biológica y los servicios ecosistémicos de la Plataforma Intergubernamental Científico-Normativa sobre Diversidad Biológica y Servicios Ecosistémicos

Algunas declaraciones destacadas

A. La naturaleza y sus contribuciones vitales a las personas, que en conjunto encarnan la diversidad biológica y las funciones y servicios ecosistémicos, se están deteriorando en todo el mundo.

A1 La naturaleza es esencial para la existencia humana y la buena calidad de vida. La mayoría de las contribuciones de la naturaleza a las personas no son totalmente reemplazables, y algunas son irreemplazables.

A2 Las contribuciones de la naturaleza a las personas a menudo se distribuyen de manera desigual en el espacio y el tiempo y entre los diferentes segmentos de la sociedad. A menudo hay compensaciones en la producción y el uso de las contribuciones de la naturaleza.

A3 Desde 1970, las tendencias en la producción agrícola, la pesca, la producción de bioenergía y la recolección de materiales han aumentado, pero 14 de las 18 categorías de contribuciones de la naturaleza que se evaluaron, en su mayoría contribuciones reguladoras y no materiales, han disminuido.

A4 La naturaleza en la mayor parte del planeta ha sido alterada significativamente por múltiples factores humanos, y la gran mayoría de los indicadores de los ecosistemas y la biodiversidad muestran un rápido declive.

A5 Las acciones humanas amenazan con la extinción global a más especies que nunca antes.

A6 A nivel mundial, las variedades y razas locales de plantas y animales domesticados están desapareciendo. Esta pérdida de diversidad, incluida la diversidad genética, plantea un grave riesgo para la seguridad alimentaria mundial al socavar la resiliencia de muchos sistemas agrícolas a amenazas como las plagas, los patógenos y el cambio climático.

A7 Las comunidades biológicas se están volviendo más similares entre sí, tanto en sistemas gestionados como no gestionados, dentro de las regiones y entre ellas.

A8 Los cambios inducidos por el hombre están creando condiciones para una rápida evolución biológica, tan rápida que sus efectos pueden verse en solo unos pocos años o incluso más rápidamente. Las consecuencias pueden ser positivas o negativas para la biodiversidad y los ecosistemas, pero pueden crear incertidumbre sobre la sostenibilidad de las especies, las funciones de los ecosistemas y la entrega de las contribuciones de la naturaleza a las personas.

B. Los impulsores directos e indirectos del cambio se han acelerado durante los últimos 50 años.

B4 En los últimos 50 años, la población humana se ha duplicado, la economía mundial ha crecido casi cuatro veces y el comercio mundial se ha multiplicado por diez, lo que en conjunto ha impulsado la demanda de energía y materiales.

B5 Los incentivos económicos generalmente han favorecido la expansión de la actividad económica, y a menudo el daño ambiental, por sobre la conservación o la restauración. Se ha demostrado que incorporar la consideración de los múltiples valores de las funciones de los ecosistemas y de la contribución de la naturaleza a las personas en los incentivos económicos permite, en la economía, mejores resultados ecológicos, económicos y sociales.

B6 La naturaleza gestionada por los pueblos indígenas y las comunidades locales está bajo una presión cada vez mayor. La naturaleza está generalmente decayendo menos rápidamente en las tierras de los pueblos indígenas que en otras tierras, pero aun así está decayendo, al igual que el conocimiento de cómo gestionarla. Al menos una cuarta parte de la superficie terrestre mundial es tradicionalmente propiedad, gestionada, utilizada u ocupada por los pueblos indígenas.

C2 La naturaleza es esencial para alcanzar los Objetivos de Desarrollo Sostenible. Sin embargo, teniendo en cuenta que los Objetivos de Desarrollo Sostenible están integrados, son indivisibles y se aplican a nivel nacional, las tendencias negativas actuales en materia de biodiversidad y ecosistemas socavarán el progreso hacia el 80% (35 de 44) de las metas evaluadas de los Objetivos relacionados con la pobreza, el hambre, la salud, el agua, las ciudades, el clima, los océanos y la tierra (Objetivos de Desarrollo Sostenible 1, 2, 3, 6, 11, 13, 14 y 15).

C3 Las zonas del mundo que se prevé que experimenten importantes efectos negativos de los cambios globales en el clima, la biodiversidad, las funciones de los ecosistemas y las contribuciones de la naturaleza a las personas también albergan grandes concentraciones de pueblos indígenas y muchas de las comunidades más pobres del mundo.

D. La naturaleza se puede conservar, restaurar y utilizar de forma sostenible mientras se cumplen simultáneamente otros objetivos sociales globales mediante esfuerzos urgentes y concertados que fomenten un cambio transformador.

D3 Las transformaciones hacia la sostenibilidad son más probables cuando los esfuerzos se dirigen a los siguientes puntos clave, donde los esfuerzos producen efectos excepcionalmente grandes (Figura SPM.9): (1) visiones de una buena vida; (2) consumo total y desperdicio; (3) valores y acción; (4) desigualdades; (5) justicia e inclusión en la conservación; (6) externalidades y teleacoplamientos; (7) tecnología, innovación e inversión; y (8) educación y generar y compartir conocimientos.

4. La humanidad es una influencia global dominante en la vida en la Tierra y ha provocado el deterioro de los ecosistemas naturales terrestres, de agua dulce y marinos.

6. La tasa global de extinción de especies ya es al menos decenas a cientos de veces mayor que la tasa promedio de los últimos 10 millones de años y se está acelerando.

Acerca del autor

Dr. R. K. Pachauri, Expresidente del Grupo Intergubernamental de Expertos sobre el Cambio Climático (IPCC) 2002-2015.

I. Primeros años y educación

- Nació el 20 de agosto de 1940 en *Nainital*, India.

Educación:

- Licenciatura en Ingeniería mecánica del *Indian Railways Institute of Mechanical and Electrical Engineering.*
- Máster en Ingeniería industrial de la *North Carolina State University* (NCSU).
- Doctorado en Ingeniería industrial y economía de la NCSU.

II. Primeros años de carrera

- Trabajo inicial con *Indian Railways.*
- Investigador asociado en la *North Carolina State University.*
- Profesor adjunto en la *University of West Virginia.*

III. Liderazgo en el Energy and Resources Institute (TERI)

- Se incorporó al TERI en 1981.
- Se desempeñó como Director General del TERI desde 1981 hasta 2016.

Contribuciones clave:

- Transformó al TERI en un líder mundial en investigación y políticas sobre desarrollo sostenible.
- Amplió las áreas de enfoque del TERI para incluir el cambio climático, la eficiencia energética, la energía renovable y la sostenibilidad ambiental.
- Fundó la Universidad TERI, que se convirtió en un centro de estudios avanzados e investigación en materia de desarrollo sostenible.

IV. Contribuciones al Grupo Intergubernamental de Expertos sobre el

Cambio Climático (IPCC)

- Se incorporó al IPCC en 1995.
- Fue elegido presidente del IPCC en 2002, cargo que ocupó hasta 2015.

Principales logros:

- Lideró el IPCC durante el Cuarto Informe de Evaluación (AR4) en 2007, influyendo significativamente en la política climática mundial.
- Bajo su liderazgo, el IPCC recibió el Premio Nobel de la Paz en 2007, que compartió con el ex vicepresidente de los Estados Unidos Al Gore.
- Abogó por la inclusión de los impactos del cambio climático en la agricultura, la salud y los recursos hídricos en los informes del IPCC.

V. Defensa y participación pública

- Orador prolífico y defensor del desarrollo sostenible y la acción contra el cambio climático.
- Contribuyó decisivamente a la concienciación mundial sobre los impactos del cambio climático.
- Participó en numerosos foros internacionales, incluidas las conferencias en la Convención Marco de las Naciones Unidas sobre el Cambio Climático (CMNUCC).
- Escribió extensamente sobre cuestiones de energía, medio ambiente y desarrollo sostenible.

VI. Funciones académicas y de asesoramiento

- Profesor visitante y conferenciante en varias universidades prestigiosas de todo el mundo.
- Formó parte de las juntas directivas y paneles asesores de numerosas organizaciones, entre ellas:
- Instituto de Clima y Energía de la Universidad de Yale.

- Grupo Asesor sobre Cambio Climático del Banco Asiático de Desarrollo.
- Asesor del gobierno indio en políticas energéticas y ambientales.

VII. Premios y distinciones

- El gobierno de la India le otorgó el *Padma Bhushan* (2001) y el *Padma Vibhushan* (2008) por sus contribuciones a la ciencia y la ingeniería.

Diversos honores internacionales, entre ellos:

- El '*Officier De La Légion D'Honneur*' por el Gobierno de Francia en 2006.
- El 'Comendador de la Orden de Leopoldo II' por el Rey de Bélgica en julio de 2009.
- El 'Comendador de la Orden de la Rosa Blanca de Finlandia' por el Primer Ministro de Finlandia en febrero de 2010.
- La 'Orden del Sol Naciente, Estrella de Oro y Plata' por Su Majestad Akihito, Emperador de Japón en abril de 2010.
- La Orden Mexicana del 'Águila Azteca' por el Presidente de México en junio de 2012.
- La Fundación Cassa di Risparmio di Mirandola le confirió el Premio Pico della Mirandola en julio de 2013.
- Más de veinticinco doctorados honoris causa de las principales universidades de todo el mundo.

VIII. Publicaciones e investigación

- Autor y coautor de numerosos libros, documentos de investigación y artículos sobre energía, medio ambiente y desarrollo sostenible.
- Amplias contribuciones a los informes del IPCC, incluido un informe de síntesis que resume el estado de los conocimientos sobre el cambio climático.

IX. Legado e impacto

- Líder visionario que integró ciencia, política y acción para abordar los desafíos ambientales globales.
- Influencia significativa en la política climática global y las prácticas de desarrollo sostenible.
- Mentor inspirador y defensor de las futuras generaciones de líderes ambientales.
- La creación del Movimiento POP (www.thepopmovement.org) y el Foro Mundial de Desarrollo Sostenible (www.worldsdf.org), entre otras iniciativas, continuarán su legado de empoderamiento de la juventud y fomento de la gestión ambiental global.

Los logros profesionales del Dr. R. K. Pachauri reflejan su inquebrantable dedicación al desarrollo sostenible y la acción climática. Su liderazgo visionario en TERI y el IPCC, su amplia labor de promoción y su compromiso público han dejado una marca indeleble en el panorama ambiental global. Su legado inspira e impulsa los esfuerzos hacia un futuro más sostenible y resiliente.

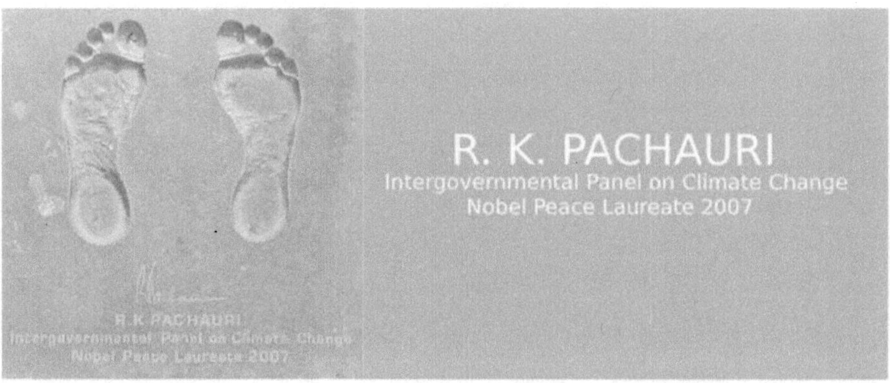

Más información sobre el Dr. R. K. Pachauri en https://rkpachauri.org/

www.ingramcontent.com/pod-product-compliance
Lightning Source LLC
LaVergne TN
LVHW040435051026
849517LV00002B/618
* 9 7 9 8 2 2 7 6 5 7 4 2 8 *